직장인,
말 잘해야
성공한다

직장인,
말 잘해야
성공한다

초판 1쇄 발행 | 2011년 6월 24일
초판 4쇄 발행 | 2013년 6월 20일

지은이 | 임찬수
펴낸이 | 이희철
펴낸곳 | 책이있는풍경
기 획 | 한성출판기획(02-325-9172)
디자인 | 피앤피디자인(www.ibook4u.co.kr)

주 소 | 서울시 마포구 망원2동 467-30 1층
이메일 | chekpoong@naver.com
전 화 | 02-394-7830
팩 스 | 02-394-7832
등록번호 | 제313-2004-00243호(2004년 10월 19일)

ISBN 978-89-93616-16-3 (03320)

이 도서의 국립중앙도서관 출판시도서목록(CIP)은 e-CIP 홈페이지(http://www.nl.go.kr/ecip)에서
이용하실 수 있습니다. (CIP제어번호 : CIP2011002160)

직장인, 말 잘해야 성공한다

임찬수 지음

책/ 이/ 있/ 는/ 풍/ 경

말 한마디에 나의 경쟁력이 달라진다

"무엇이 사람의 소통을 가장 매끄럽게 할까?"

그 답을 찾기 위해서 안 해본 것이 없다. 스피치에 대한 책이란 책은 모두 읽어 보았고, 유명 학원들을 전전하고, 몰래 도둑 강의를 듣기도 했다.

하지만 나의 목마름은 쉽게 해소되지 않았다.

말 때문에 불편을 겪는 분들을 위해 지금까지 스피치 교육원을 운영해오면서 전국에서 온 수만여 명에게 강의를 했고, 현재도 많은 분들이 수강을 받고 계시다. 다른 것은 몰라도 내 강의가 재미와 열정만은 최고라고 자부한다.

스피치 이론과 실제는 다르다. 그 차이를 해결하기 위해 많은 노력을 했고, 그 결과를 책으로 써내기로 결심했다. 책을 쓴다는 것은 힘든 일이었지만 게임을 하듯이 해냈다.

지금부터 임찬수식 실용스피치를 소개하려 한다.

당신의 직장 생활이 불행한 이유는 잔소리만 늘어놓는 상사 때문일 수도 있고, 일은 못하면서 아부를 잘해 상사에게 사랑받는 동료

때문일 수도 있으며, 요령을 피우면서 일하지 않는 후배 때문일 수도 있다.

당신이 받는 스트레스가 모두 그들 탓이라 생각하는가? 그렇게 생각한다면 결코 당신의 삶은 변화하지 않을 것이다. 현재 자신의 위치나 주변에서 일어나는 모든 상황은 어떻게 보면 자신이 내린 선택에 의한 결과다.

물론 의도하지 않은 상황이 일어날 수 있다. 하지만 그런 상황에서도 자신이 어떤 행동을 선택하느냐에 따라 결과는 천양지차로 벌어진다. 따라서 자신이 받는 모든 스트레스는 모두 자기 탓이다.

이 모든 스트레스에서 벗어나는 길은 결국 현명한 대화법을 구사하는 것뿐이다. 직장이란 다양한 성격과 사고방식을 지닌 사람들이 모여 생활하는 곳이다. 그들은 하나의 목표를 위해 서로 소통하고 함께한다. 그들과 현명하게 소통하는 방식을 안다면 좋은 사람이라는 인상을 주어 인간관계도 좋아지고, 업무에 대한 효율성도 높아져 능력 있는 사람으로 평가받게 될 것이다.

이 책을 통해 보다 많은 사람들이 직장 생활에서 활력을 느끼고, 나아가 관리자나 회사에서 탐내는 직원으로 거듭날 수 있었으면 한다.

임찬수식 스피치 임찬수

차례

들어가는 말

Part 1 직장에서 살아남으려면 나我부터 파악하라

성격이 좋아야 인정받는다   11
나의 숨은 성격 찾기   15
자신의 거짓말에 속지 마라   22
목표를 분명히 하라   26
스트레스가 나를 망친다   32
● TIP 인생을 가장 잘 사는 임찬수식 마인드 트레이닝 비법   37

Part 2 인정받는 사람은 공식적인 자리에서 이렇게 말한다

의사소통에서 가장 무서운 공포는?   41
영업 마인드가 나를 키운다, 나를 세일즈하라   49
말 잘하는 사람은 브리핑 기술도 다르다   63
나를 돋보이게 만드는 프레젠테이션 기술의 모든 것   72
최고의 프레젠터에게 배우는 말하기 비법   81
모든 직장인에게 협상은 선택이 아니라 필수다   90
너무나 다른 그들, 이렇게 상대하자   109
● TIP 며느리도 모르는 임찬수식 말 잘하는 훈련비법   116

Part 3 사무실에서 통하는 대화법은 따로 있다

당신은 보디랭귀지의 위력을 아는가?   121
감정 표현은 현명하게 한다   132
유머 있는 사람이 일도 잘한다   148
처세의 달인이 되어야 살아남는다   166
● TIP 풍자와 유머의 달인, 루쉰의 스피치 비법   179

Part 4 아랫사람은 이런 상사를 원한다

스스로 능력 있는 상사가 되어라   183
아랫사람에게 일에 대한 동기를 부여하라   189
칭찬과 꾸중에도 기술이 필요하다   198
부하 직원의 비판에 유연하게 대응하라   205
상사의 능력은 결국 리더십에 달렸다   213
● TIP 세상에서 가장 사람을 잘 다루는 대인관계 비법   221

Part 5 윗사람은 이런 부하 직원을 좋아한다

업무 보고에도 남다른 능력이 필요하다   225
잘못한 일은 변명하지 말고 과감히 인정하라   230
팀워크를 다져라   235
상사의 선을 넘지 마라   239
현명하게 거절한다   243
월급쟁이가 아닌 CEO의 마인드를 가져라   247
● TIP 상대에게 비전을 주는 임찬수식 연설 비법   253

Part **1**

직장에서 살아남으려면
나我부터 파악하라

이렇게 일하면 빠르잖아. 왜 일을 그렇게 비효율적으로 하는 거야?

제 방식대로 일하게 그냥 놔두십시오. 그리고 왜 자꾸 반말을 하십니까?

자네가 일을 잘하면 내가 그런 말을 하겠나? 윗사람이 반말 좀 하는 게 무슨 문제라고, 지금 나한테 반항하는 건가? 그런 식으로 할 거라면 이번 프로젝트에서 자네는 빠지게!

(휴~ 내가 왜 그랬을까? 말 한 번 잘못했다가 이게 무슨 꼴이람)

훌륭한 직장인이 되기 위해서는 자기 자신의 성격과 장·단점을 파악해야 한다. 그리고 적극적으로 자신을 변화시키기 위해 노력해야 한다. 그런 자세가 직장 생활에 기본이 되어줄 것이다.

성격이 좋아야 인정받는다

우리는 다양성을 존중하는 사회에 살고 있다. 사람들은 모두 생각이 다르다. 가족이나 가까운 지인이라도 생각은 같지 않다. 직장은 생각과 성격이 서로 다른 사람들이 하나의 목표를 성취하기 위해 모여 함께 노력하는 집합체. 그러한 집합체 속에는 활달한 사람이 있는 반면, 내성적이고 소심한 사람이 있을 수도 있다. 적극적인 사람들은 자기 표현이 분명하고 일을 함에 있어서도 적극적인 반면 소심한 사람들은 자신을 표현하는 데 서툴고 남들 앞에 나서기 싫어하며 습관처럼 소심한 행동을 한다.

비슷한 성격의 사람이 모이면 좋을까?

직장 생활을 하면서 다른 사람과 성격이 안 맞아 일을 못하겠다고 투정부리는 사람들이 있다. 세상에 성격이 자신과 꼭 들어맞는 사람은 아무도 없다. 당신은 일과 사람 중에 무엇을 더 중요하게 생각하는가? 그리고 빠름과 느림 중에 어느 쪽에 더 무게중심을 두는가? 사람들이 일과 사람 중에 어떤 것을 중요하게 생각하고, 빠름과 느림 중에 어느 것에 더 가치를 두는지 조사해 만든 성격 유형 모델인 DISC 모델이라는 것이 있다.

일

D(Dominance : 지배, 독선)
독단적이고 냉정하나 통제력을
상실할 수 있다.

I(Influencing : 감화, 변덕)
지나치게 세심하고 우유부단한
면이 있으며 소극적이어서 항상
안전을 추구한다.

빠름 ──────────────────── 느림

S(Steadiness : 착실, 완고)
사람 지향적이고 사회적으로
인정받는 것을 좋아하지만 비
조직적이고 산만하며 조급하다.

C(Cautious : 신중, 비관)
논리적이고 사실적이지만 완벽
을 추구하고 너무 신중해서 일
을 처리하는 추진력이 떨어진다.

사람

D형 사람들은 I형을 이해하지 못한다. "일을 빨리 추진하면 되지 이것저것 따지고 언제 할 거냐"는 식이다. 반대로 I형 사람들은 D형 사람들을 "저렇게 앞뒤없이 독단적으로 끌고 나가다 팀워크만 해치지"라고 생각한다.

그럼 자신의 타입과 같은 성격의 사람들과 일을 하면 좋을까? 이 것은 더 심각한 현상을 초래할 수 있다. 일과 빠름을 좋아하는 성격 의 사람들이 모여서 일을 하면 주도권을 놓지 않으려고 서로 신경 쓰고 으르렁대기만 할 뿐이다. 자신과 맞는 성격의 사람이라 하더 라도 싸움이 난다는 얘기다.

성격 차이 때문에 같이 일을 못 하겠다든가 같이 못 살겠다는 말 은 성격이라는 것의 진정한 의미를 몰라서 하는 핑계임을 잊지 마

라. 이 세상에는 나와 같은 성격을 가졌든 그렇지 않은 성격을 가졌든 간에 결국 나와 맞는 사람은 없다는 말이다. 내가 상대방의 성격에 맞추면서 살아가야 한다. 결국 나 스스로 누구하고나 잘 맞는 좋은 사람이 되는 것이 성공으로 가는 지름길인 셈이다.

성격이 좋아야 행복하다

"인간이 불행한 이유는 지금 자기가 얼마나 행복한지 모르기 때문이다"라고 말한 도스토예프스키처럼 항상 감사한 것을 가졌다는 사실에 기뻐해야 한다. 그리고 행복해지려고 애써야 행복해진다는 사실 또한 명심해야 할 것이다. 또한 "행복은 얻는 것이 아니라 느끼는 것이다"라고 말한 톨스토이처럼 매일 감사함과 행복감을 느끼려 애써야 자신의 일에 열정적으로 매달릴 수 있고, 그 결과 성공적인 직장 생활을 영위할 수 있다.

나의 숨은 성격 찾기

당신이 회사를 그만두려는 마음이 생길 때, 일이 어려워 그만두는가, 상대하기 힘든 사람이 있어 그만두는가? 불투명한 미래나 과도한 업무, 낮은 급여 때문에 직장을 그만두기도 하지만 동료와 커뮤니케이션을 하는 데 어려움을 느껴 직장을 그만두는 경우가 가장 많다. 그만큼 직장에서 사람들을 대상으로 말을 하고 처세해 나가는 것이 쉬운 일은 아니다. 먼저 직장 생활에서 처세를 잘하려면 자신의 성격부터 잘 알고 있어야 한다. 자신의 성격을 안다는 것은 자신의 잠재 능력과 가치관을 안다는 말과 같다.

자신이 어디까지 성장할 수 있을지, 자신은 어떤 것에 가장 큰 가치관을 두고 생활하는지, 자신의 습관 중에서 좋거나 나쁜 것은 무엇인지, 자신은 무엇에 열정적인지, 자신의 외모가 어떠한지 알 수 있을 때 자신의 성격을 진단할 수 있다. 자신의 성격을 완전히 파악할 때 자신감 또한 얻게 되는 것이다. 그렇게 자신에 대해서 먼저 알고 나면 직장에서 누구를 만나든지, 어떤 상황에서든지 지혜롭게 대처할 수 있고 호감 가는 사람이 되기 위한 나만의 기본 틀을 갖출 수 있을 것이다. 먼저 다음 질문에 답해보자.

❶ 일생을 100세까지 산다고 가정했을 때 100세 전까지 이루고 싶은 일 3가지는 무엇인가?

❷ 자신이 삶을 살아가는 데 가장 소중하게 여기는 가치는 무엇인가?

❸ 자신의 좋은 습관 30가지는 무엇인가?

❹ 자신이 고쳐야 하는 나쁜 습관 30가지는 무엇인가?

❺ 일에 대한 나의 열정 지수는 몇 퍼센트인가?

❻ 나의 외모에 어느 정도 만족하는가? 불만족스러운 부분이 있다면?

자신이 앞으로 무엇을 위해 어떻게 살아야 할지, 무엇을 잘하고 무엇을 고쳐야 하는지 파악하고 나면 나 자신을 더욱 잘 알 수 있다. 자신을 먼저 알아야 남을 이해하는 능력이 생기는 것이다.

또 아래 질문에 그렇다, 아니다로 대답해보면 자신의 커뮤니케이션 능력에 대한 평가가 나올 것이다.

- 대화 시 나의 표정은 좋은가
- 나는 평소 자신감이 있는가
- 많은 사람들 앞에서 조리 있게 말할 수 있는가
- 사람들에게 호감을 주는 편인가
- 초면인 사람과 자연스럽게 말할 수 있는가
- 상대의 이야기를 잘 들어주는 편인가
- 말로 그림을 그리듯 생생하게 표현할 수 있는가
- 어떤 자리에서나 적극적으로 의사표현을 하는 편인가
- 유머와 위트를 섞어가며 말하는가
- 상대의 말에 적절히 맞장구를 치는가
- 목소리가 크고 전달력이 강한 편인가
- 상대의 비판을 잘 받아들이는 편인가
- 상대의 부탁을 거절할 수 있는가
- 인간관계에서 리더십이 있는 편인가
- 직장 동료, 친구, 가족은 당신과의 대화를 즐거워하는가

자신감이 직장 생활을 좌우한다

필자는 직장 생활을 하면서 자신감이 넘쳐 보인다는 말을 항상 들었다. 그런 말을 들을 수 있었던 나만의 성공 비법을 소개할까 한다.

지금 당장 난 직장에서 어떤 존재고, 내가 소중한 이유는 무엇인지 A4용지에 가득 적어보라. 그렇게 하면 정말 내가 이 직장에서 필요한 존재인지 아닌지 확인할 수 있고, 내가 진정 좋아하고 잘할 수 있는 일이 무엇인지 알 수 있다. 또한 나만의 강점이 무엇인지 정확하게 알면 목표를 그리면서 일을 할 수 있게 되어 업무에 대한 자신감이 생기고 그 자신감을 바탕으로 말 한마디에도 힘이 실린다. 매사에 자신 없는 태도로 말을 하면 다른 사람에게 신뢰를 얻을 수 없고 결국 일은 잘하면서도 그 능력을 100퍼센트 인정받지 못하는 꼴이 된다.

인간의 선천적 기질과 다양하게 경험한 후천적 특성이 합쳐져 표현된 모습이 성격이라고 한다. 흔히들 성격은 고칠 수 없다고 하지만 고치기가 힘들 뿐 생각을 바꾸고 행동을 습관화하면 충분히 고칠 수 있다. 선천적으로 소유한 기질은 고치기 힘들 수도 있으나 경험된 후천적 특성은 어떤 생각과 행동을 하느냐에 따라 고칠 수 있는 것이다.

50-1=0이라는 말을 들어본 적이 있는가?

수학적으로는 49지만 습관에서는 50-1=0이라는 등식이 성립한다. 50일 동안 습관을 고치기 위해 애쓰다가 하루를 하지 않으면 다시 예전처럼 쉽게 돌아간다는 말로, 그만큼 습관을 고치기 위해서는 노력이 필요하다는 것을 강조한다.

아침에 직장 동료를 만나면 입버릇처럼 "오늘도 좋은 일이 일어날 것 같습니다", "오늘도 자신 있습니다"라고 말해보자. 그러한 말이 어느새 자신의 잠재의식에 자신감이라는 이름으로 저장되어, 일에 대한 도전 정신과 적극적인 태도를 이끌어내는 원동력이 될 것이다.

자신감을 갖는 가장 좋은 방법이 있다. 매번 성취의 순간을 떠올려보고 이미 결정된 상황은 언급하지 않으며 계속 자기암시를 하는 것이다.

자신감을 구축하려면 먼저 자신의 열등감이 무엇인지 알아야 한다. 자신이 개선해야 할 점이 무엇인지 적어보는 습관을 가져보자. 개선점을 종이에 적어보면 내가 인식하지 못했던 부분과 고쳐야 할 점을 파악하게 된다.

일단 파악이 끝나면 언제부터 이러한 열등감이 생겼는지 기억을 거슬러 올라가봐야 한다. 그렇게 하다 보면 자신의 열등감은 이성적인 가치판단을 할 수 없던 어린 시절부터 시작되었다는 사실을 발견하게 될 것이다. 잘못된 관점이 '나는 하지 못할 거야'라는 생각으로 행동에 영향을 미쳐 반복적으로 열등감을 키워 왔던 것이다.

열등감의 원인에 대한 분석이 끝난 후에는 평소에 지인들로부터 많이 들어 왔던 자신의 장점, 재능, 특기를 객관화해 구체적으로 적어보고 스스로 평가할 수 있어야 한다. '내가 이렇게 잘하는 것이 많구나'라는 생각이 들면 자신감과 용기가 생겨 자신의 일에 더욱 매진하게 된다.

사람의 성격은 환경에 적응하기 위해 변하고, 인생의 큰 충격과 위기를 경험하면서 변하며, 교육을 통해 변화한다. 직장을 그만두는 대부분의 사람들이 환경 탓을 많이 하지만 회사가 가진 성향과 특징 속에서 잘 화합하기 위해 자기 스스로 누구나 좋아하는 성격으로 변화하기를 노력하면, 환경에 구애받지 않고 인정받는 사람이 될 수 있다.

나만의 자신감 자가 진단

- 오늘 가장 잘한 일은 무엇인가?
- 최근에 칭찬을 들었던 일은 무엇인가?
- 살면서 성취감을 느꼈던 순간은 언제인가?
- 남보다 잘한다고 느끼는 특별한 점은 무엇인가?
- 오늘 남에게 기쁨을 준 일은 무엇인가?

자신감을 끌어올리는 생활 습관

● 자신감이 생기는 태도

❶ 어깨를 펴고

❷ 미소를 지으며

❸ 입을 크게 벌리고

❹ 큰 소리로 말을 한다.

● 자신감을 유발하는 행동

❶ 모임에 가면 항상 앞자리에 앉아라.

❷ 크게 웃고 빨리 걸어라.

❸ 남의 말에 사로잡히지 말고, 상대방의 시선을 똑바로 마주하라.

❹ 자진해서 이야기하고, 무슨 일이든 가장 먼저 하라.

❺ 해보지 않았던 것에 도전하라.

❻ 성공한 사람과 가까이 하라.

❼ 항상 자신감 있는 척하고, 매사에 자신감을 가져라.

자신의 거짓말에 속지 마라

"안 돼요", "싫어요", "못하겠어요", "그게 가능합니까?"라는 말
을 항상 입버릇처럼 하고 다니는 사람들이 있다. 이런 비관주의는
새로운 환경을 싫어하고 언제나 자신이 유리한 쪽으로 합리화하려
는 행동 성향을 이끌어낸다. 행동하기 싫어하고 변화를 싫어하는
것은 매사에 사람들을 바라보는 관점이 부정적인 데에서 기인하는
것이다. 이런 비관주의적 사고는 이유 없이 다른 사람들을 부정적
으로 보게 된다는 데 그 심각성이 있다. 비관주의자들은 좋은 성격
을 가질 수 없다.

무리한 일은 절대 할 수 없다?

직장 상사가 일을 부탁하면 "이것은 절대 불가능합니다"라고 단칼에 거절하는 사람이 있다. 물론 상사가 지시한 일이 불가능해 보인다면 누구나 화가 불끈 치밀어오를 것이다. 그렇다고 해서 순간의 화를 참지 못하고 항상 부정적인 반응을 보인다면 상사는 당신의 태도에 불쾌함을 느낄 것이고 그런 일이 반복되면 결국 당신의 능력까지 의심하게 될 것이다. 이럴 때에는 "네, 과장님. 한번 해보겠습니다. 이것이 현재는 법적으로 불가능하지만 법을 시정 조치해야 한다는 것을 일단 알리고 다른 방법을 강구해서 보고하도록 하겠습니다" 하고 대답하는 지혜가 필요하다.

이렇게 말하면 상사에게 현재 진행하는 일이 성공하기 힘들다는 사실을 인지시키는 동시에 자신이 노력하고 있음을 알려줄 수 있다. 설사 일을 그르치더라도 상사는 당신의 노력만큼은 인정하게 될 것이다. 따라서 무리한 일이 주어지더라도 우선은 상황을 비관하지 않고 긍정적인 자세를 가져야 직장 생활에서 인정받고 나아가 직장의 새 주인으로서 자리 잡을 수 있다.

> 부정적인 생각을 깨부수자
> - 나는 능력이 없어. (×)
> - 나는 그럴 자격이 없어. (×)

- 내겐 너무 벅찬 일이야. (×)
- 나는 절대로 할 수 없어. (×)

무조건 완벽해야 한다?

완벽한 사람은 깔끔하고 정확한 일 처리 덕분에 우수한 사원으로 인식된다. 그러나 깨끗한 물에는 물고기가 살지 못하는 것과 마찬가지로 너무 완벽한 사람에게는 이질감이 느껴져서 아무도 다가가려 하지 않는다.

완벽해지기 위한 노력은 자기 자신도 힘들게 한다. 사람은 신이 아니다. 너무 완벽해지려고 하다 보면 자신에 대해서 부정적인 감정이 쌓고, 모든 행동에서 자신을 남들과 비교하게 되면서 실수를 용납하지 않게 된다. 결국 이런 생활이 반복되면 성공에 대한 기쁨보다는 실패에 대한 좌절감만을 맛보게 될 것이다.

베푼 만큼 받아라?

우리 주위에는 남에게 잣대를 들이대고 조건을 만족해야만 행복하다는 사람이 많다. 내가 호의를 베풀 경우 상대는 자신에게 무엇을 해줄 수 있느냐는 식이다. 이런 사람은 행복의 진정한 면을 보지 못한 채 언제나 조건만을 생각한다. 또 그러한 조건을 충족하고 나면 또 다른 조건이 붙으므로 평생 행복을 느끼지 못한 채 살아가게 된다. 항상 조건을 내세우며 이유를 붙이는 행복만을 추구한다면 사람은 평생 몇 번의 행복을 느끼겠는가? 상대방에게 어떠한 부탁을 받았을 때도 조건부터 내걸지 말고, 부탁을 들어주면서 은근슬쩍 자신의 조건을 표현하는 것이 현명하다. 예를 들면 동료가 자신의 일과 상관없는 업무를 부탁했을 때 "그럼 김 과장님은 뭘 해주실 건데요?"라고 말하기보다는 "김 과장님이 필요하다면 제가 꼭 해드리겠습니다. 다음번에 제 부탁도 들어주셔야 합니다"라고 말하는 지혜가 필요하다.

현명하게 부탁들어주기

뭘 해주실 건데요? (×)

➡ "다음에 제 부탁도 들어주십시오." (○)

목표를 분명히 하라

전화벨이 울리면 첫마디로 무엇이라고 말하는가? 대부분 "여보세요? 누구십니까?"라고 할 것이다. 전화 첫마디에 자신의 비전을 소개하여 크게 성공한 사람이 있다.

비즈폼은 한국 문서서식 다운로드 1위 업체이다. 초창기 300만 원의 자금으로 사업을 시작해서 지금은 연매출 80억 원이 넘는 회사로 성장했다. 비즈폼의 대표인 이기용 사장은 전화를 걸면 처음부터 "세계를 이끌어나갈 이기용입니다. 누구십니까?"라고 자기소개부터 시작한다. 처음 들으면 '무슨 소리를 하는 거야?'라며 의아해할 수 있겠지만 그 말을 듣는 순간 왠지 모르게 정말 세계를 이끌어나갈 것 같은 기운이 느껴진다.

다음에 다시 전화를 걸어도 멘트는 똑같다. 언제나 그렇듯 세계를 이끌어나가겠다는 말을 되풀이한다. 새벽 3시에 전화를 해도 똑같다.

한 해 80억 원의 매출을 달성하고 나서 이 멘트를 시작한 것이 아니라 초창기 300만 원으로 사업을 시작할 때부터 이 멘트를 계속 사용해왔다고 한다.

현재 국내시장 1위니까 얼마 지나지 않아 세계 1위가 되지 않을까 기대해본다. 이기용 사장은 성공 요인을 다음과 같이 말한다.

자신의 목표를 가까이 하고 항상 느끼면서 생활하면 끝내는 그 목표에 근접해 있는 자신을 발견하게 된다. 오늘부터 전화를 받을 때도 생활 속에서 습관처럼 말 한마디에 자신의 목표를 심어보자. 이제부터 '여보세요'를 지양하고 자신의 목표를 전화 첫 소개 멘트에 넣어보자.

목표 의식을 가져야 한다. 항상 목표를 생각하며 살아가야 한다는 말이다. 목표 의식이 결여되면 똑같은 패턴으로 흘러가는 직장 생활에서 쉽게 매너리즘에 빠진다. 자신의 꿈이나 목표를 생각할 겨를도 없이 기계적으로 주어진 일만 하게 되는 것이다. 이렇게 되는 데는 자신의 책임이 크다. 아침에 일어나자마자 자신을 향해 '나는 무엇을 위해 이 세상에 태어났는가?', '무엇을 위해 살아가고 있는가?', '무엇을 위해 오늘도 일하는가?' 등의 질문을 하고 그에 대한 답을 찾기 위해 노력해야 한다. 하루를 시작함과 동시에 오늘 할 일의 목표를 생각하고 한곳만 바라보면서 끝없이 정진하는 것이 목표를 쟁취하는 방법이다.

누구나 말을 잘하고자 하지만 그보다 먼저 왜 말을 잘해야 하는지를 생각해볼 필요가 있다. 사람마다 목표와 꿈이 다르지만 그 목표와 꿈을 이루기 위해서는 다른 사람들과 소통해야 하고, 거기에서 꼭 필요한 것이 말이기 때문이다. 말이란 사상의 산물이며 소통의 도구다. 사람은 어떤 방식으로든 말을 하지 않고는 살아갈 수 없다. 자신의 일을 즐기고 목표가 분명한 사람일수록 말을 잘 한다는 사실에 주목하자.

노여움은 인생의 가장 큰 적이다

직장 생활을 하다 보면 일을 잘하는 사람이 한순간의 화를 참지 못해서 기존에 쌓아왔던 좋은 이미지를 날려버리고 결국 쫓겨나듯 직장을 그만두는 경우를 목격하곤 한다. 분노를 조절해야 원만한 직장 생활을 유지할 수 있다.

분노가 치밀 때 당장 그 자리에서 벗어나서 심호흡을 크게 해보라. 그렇게 하면 분노가 호흡과 함께 빠져나가는 느낌을 받게 될 것이다. 그리고 내가 왜 화가 났는지, 화를 내면 어떤 일이 발생하게 될지 종이에 적어보자. 이상하게도 분노가 수그러드는 것을 느끼게 될 것이다. 종이에 쓰다 보면 더 빨리 적고 싶어도 손이 생각을 못

따라가면서 '내가 지금 왜 이 짓을 하고 있지?'라는 생각을 하게 되고, 결국 화가 저절로 풀린다. 화가 났을 때 누그러뜨릴 수 있는 또 다른 방법으로는 자신이 좋아하는 단어를 계속해서 되뇌이는 것이다. 분노가 표출되기 직전에 자신이 좋아하는 말을 계속 되뇌면 신기하게도 분노가 조금씩 사라진다.

분노는 미연에 방지하는 게 가장 좋다. 그러기 위해서는 평상시 긍정적인 생각을 많이 해야 한다. 좋은 글이나 동기부여가 될 수 있는 문장이나 단어들을 지갑, 책상, 컴퓨터 등 잘 보이는 곳에 붙여놓고 매일 되뇌면 좋은 인격을 갖추는 데 도움이 될 것이다.

노트에 내가 좋아하는 명언을 적어보자

예) 인생은 노력한 만큼만 좋아진다.

어제 시작하지 못했는가, 오늘 다시 해보라.

생각하는 대로 살지 않으면 사는 대로 생각하게 된다.

남이 내 인생을 대신 살아주지는 않는다

사람들은 흔히 인생을 축구 경기와 비교하고는 한다. 축구 경기 시간은 전·후반 합해 90분이다. 대부분의 사람들이 아프지 않고 90세까지는 살기를 원한다. 사람들이 90세까지 산다고 가정했을 때, 현재 자신은 전·후반 몇 분을 뛰고 있는가? 혹시 지금 전반 28분밖에 지나지 않았는데 벌써 게임을 포기하려고 하는 것은 아닌가? 인생은 아무도 모르고 축구 경기의 결과도 아무도 모른다. 아직 역전할 시간은 많다. 3 대 0으로 지고 있다고 하더라도 희망과 여유를 가지면 언제든지 드라마 같은 역전이 나오기 마련이다. 조금만 인내하고 기다리면서 인생의 기회를 엿보자. 긍정의 힘을 믿으며 오늘도 쉼 없이 달려보자.

직장 생활을 잘하려면 스스로 만족하고 변화할 수 있다는 믿음을 가지는 것이 중요하다. 하지만 현실적으로는 직장 상사나 동료들의 말에 민감하게 대응하고 지나치게 의식하는 직장인들이 많다. 물론 직장 생활은 조직 생활이기 때문에 자신보다 남을 많이 의식하고 배려해야 한다. 하지만 이런 심리가 지나쳐 자신의 삶 자체에 대한 정체성을 잃어버린 채 남들이 하라는 대로만 하고, 상사가 지시와 명령을 해주지 않으면 오히려 불안해하는 사람들도 있다. 남을 지나치게 의식하면서 직장 생활을 하면 결코 주류가 될 수 없다.

남을 지나치게 의식하지 않는 가장 좋은 방법은 자신과의 약속을 잘 지키는 것이다. 자신과의 약속을 잘 지키기 시작하면 자신에게 떳떳해지고 자신감이 생긴다. 아침 6시에 일어나서 영어 공부를 1시간씩 하겠다고 자신과 약속했으면 어떠한 일이 있더라도 약속을 지켜야 한다. 매일 1시간씩 시간을 정해놓고 운동을 하기로 했으면 그 약속을 지켜야 한다. 자기와의 약속을 계속해서 지키지 못하고 포기하면 결국 자신을 못 믿게 되는 결과를 초래한다. 결국 자신을 믿지 못하기에 남에게 의존하게 되고 남을 의식하는 삶을 살 수밖에 없다.

사람은 누구나 자기가 좋아하는 사람을 기쁘게 해주려 노력한다. 그렇지만 가장 중요한 것은 자신이 진정으로 행복해질 수 있는 일을 하고 자신을 사랑하는 것이다. 오늘부터 계속 반복하자. 자기와의 약속을 소중하게 생각하고 자신을 더욱더 사랑하겠다고!

노트를 펼치고 나와의 약속을 적어보자.

스트레스가 나를 망친다

직장에서, 학교에서, 가정에서 스트레스를 받고 있는가? 그렇다고 지나치게 고민하지 말자. 사람은 스트레스를 받고 그것을 극복했을 때 정신적으로나 육체적으로 가장 많은 동기를 부여받고 성장한다. 거리의 노숙자와 성공한 사람 사이에는 아주 조그마한 생각의 차이밖에 없다. 스트레스를 받고 그것을 극복했느냐, 아니면 좌절하고 포기했느냐에 달린 것이다.

직장에서는 알게 모르게 많은 부분에서 스트레스를 받는다. 그스트레스를 슬기롭게 대처해나갈 때 직장인으로서의 나는 좀 더 발전적이 된다. 회사에서는 일에서 스트레스를 받을 때보다 동료들간에 오고가는 말 때문에 스트레스를 받을 때가 많다. 퇴근 후 소주잔을 기울이며 직장 동료, 상사, 부하 직원에 대한 험담이나 비난을 하는 데 시간을 낭비하는 일이 없도록 지금부터 직장 생활이 나에게 스트레스를 주면 어떻게 극복하고, 상황마다 어떻게 슬기롭게 대처해야 하는지 알아보도록 하자.

독 안에 든 쥐는 왜 죽었을까?

독 안에 쥐를 넣으면 얼마나 오래 살까? 독 안에 쥐를 넣은 뒤 독의 뚜껑을 닫고 실험했는데, 쥐는 독 안을 빙글빙글 돌더니 3시간 만에 죽어버렸다. 똑같은 실험을 조금 다르게 해보았다. 독 안에 쥐를 넣고 독 뚜껑을 닫는데 이번에는 독 뚜껑에 송곳으로 작은 구멍을 뚫어 그 안에 햇빛이 비치게끔 했다.

그런데 놀랍게도 독 안에 든 쥐는 3시간이 아니라 3일이 지나도록 죽지 않고 계속 움직였다. 왜 작은 구멍 하나에 독 안에 든 쥐는 죽지 않고 살 수 있었을까?

그 이유는 간단했다. 바로 독 안에 든 쥐는 햇빛을 통해 희망을 보았던 것이다. 쥐에게 독 안을 비춘 햇빛은 단순한 빛이 아니라 희망이었다. 사람들의 인생도 마찬가지다. 스트레스라는 뚜껑으로 내 인생을 비춰야 할 긍정의 햇빛을 막아버리면 금세 좌절감이 밀려오고 우울해지며 삶의 의욕을 잃게 된다. 그 결과 부정적인 생각을 하고 그것이 말과 행동으로 나타나는 것이다.

오늘 이 시간부터 스트레스라는 뚜껑에 긍정의 구멍을 만들어보자. 독 안에 희망의 빛줄기가 뚫고 들어갔듯이 힘들고 어려운 시기일수록 우리 모두 자신의 인생에 있어 긍정의 희망 줄기를 쏘아보자. 당신은 어디에 힘을 쏟고 있는가? 부정적인 생각으로 부정적인 영향을 주고 있는가, 아니면 긍정의 힘을 쏟고 있는가?

스트레스, 이렇게 다스리자

스트레스를 받지 않는 사람은 이 세상에 단 한 명도 없다. 사람들은 모두 저마다의 스트레스 저장 창고가 있어 매일같이 그곳에 스트레스를 쌓는다. 하나의 스트레스를 없애더라도 곧 또 다른 스트레스가 저장 창고를 차지하게 된다.

대부분의 사람들은 비가 오는 날, 추운 날, 너무 더운날을 싫어하지만 365일 구름 한 점 없이 맑은 날씨가 지속되면 결국 사막화 현상이 일어난다. 쨍쨍한 태양빛으로 인해 도시 전체가 황폐화되고 모래폭풍이 이 도시를 뒤덮을 것이다. 사막화 현상처럼 사람의 마음에도 스트레스가 없으면 삭막한 인생이 펼쳐진다.

일 때문에, 인간관계 때문에, 돈 때문에 사람들은 스트레스를 받고 스트레스 없는 곳에서 사는 것을 꿈꾸지만 스트레스를 받지 않으면 사람들은 무언가를 얻기 위한 노력을 하지 않을 것이다. 다시 말해 발전적인 일에 몰두하지 않고, 골치 아프고 힘든 일은 피하려 하며, 순간의 쾌락만을 좇으려 할 것이다. 인생의 사막화가 시작되는 것이다.

사람은 누구나 스트레스를 주고받으며 살아간다. 이쯤에서 이런 정의를 내릴 수 있다. 스트레스는 피해야 할 대상이 아니라 다스려야 할 대상이라고. 평생 스트레스를 피할 수 없으니 다스려야 한다는 의미다.

직장 상사도, 부하 직원도 서로에게 스트레스를 받는다. 말을 함부로 해서 서로 감정의 골이 깊어지고, 그러한 감정 대립이 업무에 지장을 초래한다면 회사로서도 엄청난 손해다.

현재 나의 회사 생활을 되돌아보고 지금이라도 변화하고 싶다면 그러한 믿음을 글로 써보아라. 그리고 어제와 다른 행동과 생각과 말을 하겠다고 다짐하고 실행하라. 직장 동료와 업무에 대한 일이나 사적인 말을 할 때도 똑같다.

말을 할 때 상대의 감정 변화에 대한 민감한 관심이 있어야 한다. 상대가 나와 대화할 마음의 여유가 있는지 항상 관심을 두어야 한다. 상대가 오늘 기분이 어떤지, 기분이 좋지 않다면 어떤 이유 때문인지 관심을 갖는 것이 바람직하다. 다음과 같은 말을 직장동료나 상사에게 해보자.

"좋은 아침입니다. 과장님만 보면 늘 힘이 납니다."

"오늘 무척 기분 좋아 보여. 자네는 늘 열정이 넘치는 것 같아."

이러한 말을 통해 상대의 말이나 얼굴 표정에서 감정 상태를 읽을 수 있다. 직장 동료나 상사에게 할 말을 생각만 하지 말고 종이에 써보자. 여러 번 되풀이하면서 쓰다 보면 어색하게 느껴지던 칭찬의 말도 쉽게 할 수 있을 것이다. 그런 말들이 직장에서 인정받고 존경받게 만들어주는 밑거름이라는 것을 잊지 말자.

칭찬을 생활화하자
동료들에게 해줄 긍정의 말을 적어보고, 가족에게 해줄 긍정의 말도 적어보자.

한 청년이 삶에 대한 깨달음을 얻기 위해 전국을 떠돌아다녔다. 먼저 절에 들어가서 10년 동안 수양을 했다. 그리고 스님에게 물어보았다. 삶을 어떻게 살아야 올바르게 사는 것입니까? 그러자 스님은 자비를 베풀면서 살아야 한다는 말만 되풀이했다.

그리 큰 깨달음을 얻지 못했다고 생각한 청년은 이번에는 교회로 가서 10년을 공부했다. 청년은 목사님에게 삶을 잘 사는 방법을 물어보자, 목사님은 열심히 기도하는 삶이 잘 사는 삶이라고 대답하였다.

청년은 이번에는 성당을 들어갔다. 역시 10년이 지나고 신부님에게 같은 질문을 하니 신부님은 감사하며 살아야 한다는 대답을 하였다.

청년은 모든 곳에서 진정한 깨달음을 얻지 못했다고 생각하며 고향으로 내려가려고 기차에 몸을 실었다. 그런데 누군가 삶에 대해서 이야기하는 소리가 들렸다.

"삶은 계란이요. 삶은 계란입니다."

뭐라고 삶은 계란이라고?

30년 동안 얻지 못했던 삶에 대한 답을 단 3분 만에 기차에서 얻었다. 삶은 계란이란 말에 3가지 깨우침을 얻을 수 있었다.

아! 삶이라는 것은 계란처럼 둥글둥글 모나지 않고 남들과 어울리면서 사는 것이 진정으로 잘 사는 것이구나! 하는 첫 번째 깨달음이었다.

아! 삶이라는 것은 멍든 사람이 있으면 계란으로 마사지해주고, 아프고 힘들 때 도움을 주며 베풀면서 보람을 느끼며 사는 것이 진정으로 잘 사는 것이구나! 하는 두 번째 깨달음을 얻었다.

아! 삶이란 계란 안에 노른자와 같이 많이 먹으면 좋지 않은 것, 즉 안 좋은 일도 많지만 안 좋은 일보다는 계란의 흰자처럼 우리 몸에 좋은 것, 즉 좋은 일이 더 많기 때문에 항상 긍적적인 생각을 하면서 사는 것이 진정으로 잘 사는 것이구나! 하는 세 번째 깨달음을 얻었다.

삶의 정답은 없지만 어떻게 사는 것이 정말 행복하고 잘 사는 삶인지 이 이야기를 통해 느낄 수 있을 것이다.

삶이라는 것은 남들과 모나지 않게 어울리면서 남들에게 배풀고 도움을 주며 긍정적인 생각을 하면서 희망을 가지고 살아야 한다는 것을!

Part **2**

인정받는 사람은 공식적인 자리에서
이렇게 말한다

얼마 전 출시된 '시원해' 아이스크림에 대한 소비자의 반응이 어떤지 간단히 브리핑해보게. 두분 후에 중요한 미팅이 있으니 간단하게 말하도록 하게.

우리가 조사한 바에 의하면 소비자들은 기존에 우리가 내놓았던 아이스크림의 가장 큰 문제점으로…….

잠깐, 내가 지금 두분 후에 나갈 거니까 간단하게 말하라고 하지 않았나! 그런 식으로 해서 오늘 안에 브리핑이 끝나겠어? 소비자 반응이 어떤지만 말하라니까!

아…네, 죄송합니다.
죄송합니다. 죄송합니다.

남 앞에서 이야기하는 것이 떨리는 것은 모두 마찬가지다. 하지만 남
앞에서 이야기하지 않고 살 수는 없다. 그렇다면 방법은 단 하나다.
평소에 열심히 준비하는 것. 철저한 준비는 떨림을 멈추게 한다.

의사소통 중 가장 무서운 공포는?

이 세상에서 가장 무서운 것이 무엇이냐고 물어본다면 당신은 무엇이라 대답하겠는가? 귀신, 테러, 강도, 전쟁, 총기, 비만, 경제공황, 실직 등 다양한 대답이 있지만, 그중에서 1위를 차지한 공포가 있다. 바로 '발표 불안' 이다. '정말 그럴까' 하고 생각하겠지만 남들 앞에서 발표하는 것이 죽기보다 싫다는 사람들이 의외로 많다.

필자가 실제로 스피치교육원을 운영하면서 중요 발표를 앞두고 발표 전날부터 식사를 제대로 하지 못하거나, 이유없는 복통을 호소하고, 신경안정제를 복용하거나, 발표하기 싫어서 직장을 그만두는 등 발표불안 때문에 고통을 호소하는 분들을 수도 없이 보아왔다.

낯선 환경에서 낯선 사람들과 이야기해야 할 때 사람은 누구나 불안을 느낀다. 직장인들 역시 프레젠테이션 발표를 한다든지 임원들 앞에서 브리핑해야 할 때 스트레스를 받는다고 한다. 그런데 이때 조금만 생각을 달리하면 긴장감을 확실하게 줄일 수 있는 방법이 있다.

불안은 내가 만들어낸 허상이다

불안은 공포와는 구별된다. 공포는 신체적 안전에 위협이 되는 것과 같이 분명하고도 실제적인 위험에 대한 반응으로 생기지만, 불안은 객관적으로 볼 때 자신에게 위험하지 않은 상황에서 일어나는 반응이며, 자신도 그 원인을 알 수 없는 내면의 감정 충돌 때문에 생겨난다. 일상생활에서 어느 정도 불안이 나타나는 것은 불가피하며, 이것은 정상적이다. 일반적으로 사람들은 다음과 같은 이유로 불안을 경험한다.

1 상황적 불안

사람은 어떤 두려운 상황을 인식하면 불안감을 느낀다. 예를 들어 기획안을 내일 아침까지 내야 하는데 아직 시작도 하지 못했거나 늦잠을 자서 지각했을 때 상사의 잔소리를 생각하면 불안을 느낀다. 내일 면접이 있다든지 갑자기 사람들 앞에서 발표를 해야 한다든지 아무 준비도 되지 않은 상태에서 어떠한 일을 수행해야 할 때 역시 불안을 느낄 수 있다. 이러한 상황적 불안은 누구나 느끼는 불안이다. 말 그대로 불안한 상황이 주어지면 누구나 그렇다는 것이다.

2 성격적 불안

성격적으로 불안을 느끼는 사람들이 있다. 일어나지도 않은 일을 미리 걱정하고 계속 부정적인 생각과 불안한 영상을 떠올리면서 현실을 불안해하는 것이다. 예민한 성격일수록 더 자주 더 많이 느낀다.

3 경험적 불안

엘리베이터에 갇힌 적이 있는 사람은 이후 엘리베이터를 타면 공포를 느끼고, 차 사고를 경험한 사람은 이후 차를 타는 것이 두렵다. 이렇듯 자신이 직접 경험하여 느낀 불안은 자신의 뇌리에 오랫동안 남아 있다.

4 이유 없는 불안

이유 없이 불안해지는 경우가 있다. 갑자기 TV를 보다가 불안을 느낀다든가, 식사를 하다가 별안간 불안해지고, 평온하게 이야기를 잘하다가 불안을 느끼는 등 이유 없는 불안을 느끼는 사람들이 있다. 이유가 없다고 하지만 꼭 그렇지는 않다. 이런 불안들은 어떠한 일을 하면서 자신의 뇌리에 불안하게 만드는 영상을 떠올린다든가, 자신도 모르는 사이에 그 불안한 생각을 끄집어내고 그 생각들을 구체화시키기 때문에 발생한다.

뇌리에는 경험들이 항상 구조화되어 저장되기 때문에 그 구조를 깨뜨리기만 하면 경험의 조각들은 산산이 흩어진다. 만약 불안한 생각이 들었을 때 상황을 돌아보면, 그 전에 불안했을 때와 똑같은 상황이 연출되어 있고, 똑같은 생각과 행동을 하고 있는 자신을 발견하게 될 것이다.

쉽게 말해서 지금 의자에 가만히 앉아 있는데 불안이 찾아왔다면 현재 취하고 있는 자세에 주목하자. 그 자세는 불안한 생각을 하는 가장 좋은 자세임을 상기하고 의자에서 일어나 몸을 움직인다든지 머리를 앞뒤로 흔들어본다든지 해보자. 그렇게 하면 불안을 느끼게 하던 요소들이 금세 사라진다.

지금 이 시간에도 불안을 느끼고 있다면 현재의 모든 행동을 정지하고 해보지 않았던 다른 행동을 함으로써 다른 생각을 유도하라. 오늘부터 불안에서 빠져나오는 연습을 시작해보자.

스피치의 달인으로 가기 위한 떨림 극복 프로젝트

청중을 대상으로 발표하는 사람들이 자주 하는 말이 있다. "지금 무척이나 떨립니다"가 그것이다. 사람은 실제 떨림보다 3배 이상을 증폭해서 인식한다고 한다. 한마디로 실제 긴장하는 정도의 3배를 부풀려서 내가 긴장하고 있다고 느낀다는 것이다. 떨린다고 말하는 발표자의 말을 듣고 있는 청중에게 직접 물어보면 발표자가 별로 떨지 않고 이야기를 잘한다고 말한다.

이처럼 발표하는 당사자만이 떨린다고 생각하지 듣는 사람들은 그렇게 느끼지 않는다는 사실에 주목하자. 발표 전에 심하게 떨린다면 평상시 다음 사항을 실천해보자.

1 몸을 이완시키면서 편안하게 머릿속의 생각들을 비우고 복식호흡을 하라

사람에게는 자율신경계라는 것이 있는데, 이는 본인의 의지와는 상관없이 계속해서 펌프질을 가하는 심장박동과 혈액순환 같은 자율적으로 움직이는 신경계를 말한다. 자율신경계 중에서 사람의 의지대로 되는 것이 딱 한 가지가 있다. 바로 호흡이다.

복식호흡을 하면 불안 요소를 조절할 수 있다. 복식호흡의 종류와 방법은 많지만 그중 '2-1-4법칙'을 권하고 싶다. 2초간 숨을 들이마시고 1초를 참았다가 4초를 내쉬는 방법이다. 이때 자신이

점점 더 좋아지고 있다고 암시하면서 기분 좋은 명상과 함께하는 것이 불안을 줄이는 데 효과적이다.

2 긴장하는 것은 인간의 본능임을 인지하라

낯선 환경에서 처음 보는 사람들 앞에 나와 발표를 하는데 "저는 떨리지 않는데요. 왜 떨립니까?"라고 말하는 사람이 있다면 분명 두 가지 경우 중 하나일 것이다. 거짓말을 하고 있거나 신경계통에 이상이 있거나. 아무리 철저하게 준비를 했다고 하더라도 신경세포를 가지고 있는 인간은 당연히 떨릴 수밖에 없다. 발표 전 심장 소리가 요란하다면 당신은 그만큼 건강한 사람이라는 뜻이다.

3 다른 사람을 신경 쓰지 않는다

다른 사람이 욕을 하든 못한다고 무엇이라 떠들든 신경 쓰지 마라. 그런 사람들은 당신을 위한답시고 충고나 조언을 하지만 그런 말은 곧이곧대로 믿지 않는 것이 현명하다.

4 피하려고 애쓰지 마라

발표할 상황이 주어지면 피하지 말고 자신이 하겠다고 적극적으로 나서는 게 좋다.

5 나는 나, 타인과 비교하지 마라

발표를 잘하는 사람은 그렇게 되기까지 많은 시간을 투자하고 노력을 아끼지 않았다는 사실을 명심하라. 자신은 그런 투자와 노력을 하지 않았던 것뿐이다. 지금부터 시작하면 누구나 훌륭한 프레젠터가 될 수 있다. 어제보다 나은 오늘이 되기 위해 노력하고 오늘보다 나은 내일의 자신을 발견하기 위해 지금 이 순간에 최선을 다하라.

6 충분히 준비하라

자신감과 성공은 준비한 정도에 비례한다. 발표 자료 없이도 발표할 수 있을 정도로 준비가 되어 있어야 한다.

7 자신감 있는 척하라

어깨를 펴고 미소를 지으며 입을 크게 벌리고 큰 목소리로 이야기하면 어느 정도 불안에서 벗어날 수 있다.

8 경험을 쌓아라

무엇보다 많은 사람들 앞에서 이야기하는 자리를 스스로 만들고 경험을 쌓는 것이 중요하다.

❶ 발표를 잘하고 있는 자신의 긍정적인 이미지만 떠올린다.

❷ 평소에 늘 긍정적인 사고를 통해 자신을 단련한다.

❸ 아침에 일어나자마자 '난 할 수 있다'고 자기암시를 한다.

❹ 말하고자 하는 바를 항상 연습한다.

❺ 발표 긴장은 자연스러운 현상이다. 누구나 발표불안을 느낀다.

이 세상에 실수하지 않는 완벽한 사람은 없다.

영업 마인드가 나를 키운다, 나를 세일즈하라

세일즈가 단순히 판매원들이 갖추어야 할 덕목이라고만 생각하는 사람들이 많다. 한번 정해진 나의 이미지는 나의 능력을 평가하는 잣대가 된다. 남들에게 자신의 능력이 평가절하된다면 얼마나 슬픈 일인가? 현대 사회는 보이는 것만 믿는 경향이 높기 때문에 자신의 능력을 제대로 인정받고 싶다면 단순히 일만 잘해서는 안 된다. 자신의 능력을 보여주어야 인정받을 수 있다.

이때 필요한 것이 바로 영업적인 마인드를 갖고 자신을 세일즈하는 것이다. 유능한 판매원처럼 나를 세일즈하려면 먼저 나를 사랑하고 다른 사람들을 좋아해야 한다. 사람 만나는 것을 싫어하고 사람에 대한 공포가 있다면 유능한 판매원이 될 수 없다. 세일즈를 잘하고 세일즈 화법을 잘 구사하겠다고 다짐했다면 자신의 말을 잘 들어줄 사람이 많아야 한다. 나와 말하기를 즐기는 대상을 많이 만드는 것이 가장 중요하다는 말이다. 아무리 말을 잘한다 하더라도 말을 들어줄 대상이 없고, 오히려 내가 말하는 것을 못마땅하게 여기는 사람이 많다면 그것은 꽤 끔찍한 일이다. 당신은 다른 사람들에게 어떤 이미지로 인식되고 있는가?

주위를 둘러보아라

우리가 옷을 사기 위해 어느 매장에 들어섰을 때 점원이 "어서 오십시오" 하고 반갑게 인사하면 괜히 으쓱해지면서 존중받는 느낌을 받는다. 반면에 자신이 매장에 들어서든 말든 점원이 본체만체한다면 그곳에서 마음에 드는 옷을 발견했더라도 사고 싶은 마음이 사라진다. 인사 하나로 그 매장의 수익이 달라질 수 있다.

필자는 아파트에 살면서 만나는 모든 사람들에게, 어른 아이 할 것 없이 먼저 인사를 한다. 언젠가 엘리베이터를 탔는데 아버지와 초등학생으로 보이는 주민이 타서 먼저 인사를 건네고, "오늘 날씨가 참 좋습니다. 아드님 데리고 등산가시나 보죠?"라고 정답게 이야기를 나눴는데, 아들이 나와 아버지를 번갈아가면서 쳐다보더니 엘리베이터에서 내리면서 아버지에게 "아빠, 저 사람 알아요?"라고 묻는 것이다. 아이들에게 아는 사람한테만 인사하고, 아는 사람한테만 말을 걸어야 한다는 고정관념이 박혀있는 것 같아 왠지 모르게 씁쓸했다.

인사는 단순히 형식적인 것이 아니라 상대에 대한 존중의 표현이다. 사람은 언제나 이성적으로 판단할 것처럼 보이다가도 결정을 내려야 할 순간은 감성적으로 돌변한다. 따라서 직장 내에서도 주류가 되고 싶다면 가장 먼저 인사를 잘해야 한다. 다른 사람들을 향해 소리 내어 인사하면 당신을 잘 모르던 사람들도 어느 순간 당신의 존재를 확실히 인식하게 된다.

다른 사람이 자신을 인식하도록 만드는 것이 바로 자기 자신을 세일즈하는 첫걸음이다. 인사를 잘하면 상대는 존중받고 있다는 느낌을 받기 때문에 금세 마음의 문을 연다. 세일즈는 상품을 파는 것이 아니라 사람을 얻는 일이라고 할 수 있다. 이는 자신을 세일즈할 때 역시 적용되는 명제다.

다른 사람에게 자신을 세일즈를 하기 위해, 먼저 본인과 말하고 싶어 하는 사람이 몇 명이나 되는지 주위를 둘러보자. 세일즈는 타인을 배려하고 이해하는 데서 시작해야 한다. 그런 모든 것이 부메랑이 되어 나에게 결과물로 돌아온다. 세일즈를 잘하기 위한 화술을 익히는 데 앞서 자신의 영업적 마인드와 이미지를 재고해보아야 할 것이다. 이는 자신의 열정을 끌어올리는 중요한 요소이기 때문이다. 다음 사항을 확인하여 영업적인 마인드가 자신의 몸속에 흐르고 있는지 알아보자.

❶ 평상시 사람들을 만날 때 웃으면서 말하는가?(몇 초에 한 번씩 웃는지 체크해보라)

❷ 상대방이 말할 때 진심으로 들으려 애쓰는가?(고개 끄떡이기, 시선 처리, 맞장구 치기)

❸ 사람을 만나면 입을 열 때 칭찬부터 하는가?("볼 때마다 점점 얼굴이 환해지십니다. 무슨 좋은 일이라도 있습니까?")

이 중에 한 가지라도 실천하고 있지 않다면 영업적인 마인드가 부족한 것이다. 불평이나 불만은 자신의 인생에 0.1퍼센트도 도움이 되지 않는다는 사실을 먼저 인식하라. 자신이 변화하면 남들도 조금씩 따라서 변한다는 것을 느끼고, 가정에서 직장에서 날마다 먼저 변화하고 스스로를 세일즈하라!

세일즈의 시작은 관계 맺기

세상의 모든 일은 사람으로 시작해서 사람으로 끝난다. 즉 당신이 누구를 알고 있느냐에 따라 당신의 미래가 달라진다. 당신의 미래를 이끄는 좋은 인간관계를 맺고자 한다면 무엇보다 성공적인 화술이 요구된다. 여기서 성공적인 화술이란 다른 사람과 원만한 의사소통을 함으로써 어느 한쪽이 일방적으로 대화를 주도하지 않도록 하는 것을 의미한다.

서로 다른 두 사람이 대화할 때 누가 더 말을 잘하는지 여부는 당사자가 아닌 제3자가 판단한다. 그런데 제3자가 판단하기에 어느 한 사람이 유달리 말을 잘하는 것처럼 느낀다면 그는 화술의 달인이 아니다. 둘 다 말을 잘하는 것처럼 보여야 진정한 화술의 달인이라고 할 수 있다. 결국 말을 잘한다는 것은 상대를 기분 좋게 해주고 상대의 말을 경청하여 자신의 이야기를 말하도록 유도하는 것이다.

말하기와 듣기가 쌍방향으로 이루어지려면 자신의 말하기 습관에 대한 점검이 필요하다. 너무 단정적으로 말하거나 상대를 우습게 보는 듯한 언행을 일삼는다면 상대는 자연히 당신과 대화하는 것을 피하게 될 것이다. 상대의 얘기에는 전혀 관심이 없으면서 일방적으로 자신의 얘기만 늘어놓고 있지는 않은지, 때와 장소에 맞지 않는 말로 상대를 괴롭히고 있지는 않은지 항상 주의하자. 결국 자신을 제대로 세일즈하려면 무엇보다 원만한 대인 관계가 필요하고, 이를 위해 타인을 배려하는 자세를 생활화할 필요가 있다.

조직 안에 있다 보면 관계를 맺는 게 말처럼 쉽지 않다는 것을 여러 번 느끼게 된다. 대부분의 기업에서 사원들은 임원을 대할 때면 자신도 모르게 부담을 느껴 웬만하면 마주치지 않으려 노력한다. 마찬가지로 임원들도 부하 직원과 가까이 하면 자신의 위신이 서지 않을 것이라는 생각에 권위적인 태도를 보이려 한다.

이렇듯 보수적인 조직은 일방적인 지시와 통제가 일상화되어 구성원들의 의지를 꺾고, 창의성을 발휘할 기회를 막는다. 조직 내에서 원만한 대인 관계를 유지하고 자신의 가치를 높이려면 우선 상대의 말을 경청하려는 노력을 해야 한다. 상사는 부하 직원의 말이라고 해서 무조건 무시하지 말고 그들의 의견을 수렴하려 애쓰고, 부하 직원 역시 상사의 지시가 자신의 의견과 다르다고 할지라도 서슴없이 자신의 의견을 개진하기보다 일단 그의 말에 귀를 기울이고자 하는 자세가 필요하다.

상대방과 대화를 할 때 듣기와 말하기의 비율은 7 대 3이 적당하다고 한다. 그만큼 잘 들어주는 것이 말하는 것보다 중요하다는 의미다. 상대의 말에 적당히 맞장구를 쳐주면서 들으면 상대는 더욱 신이 나서 말을 이어나가게 된다. 이때 적절한 질문을 통해 상대의 말에 집중하고 있음을 알려주면서 자연스럽게 자신의 의견을 말하면 어느새 대화를 주도하게 된다. 그러다 보면 상대는 마음을 열고 당신의 인맥이 될 것이다.

상대가 좋아하는 맞장구 베스트 7
❶ 그래요?
❷ 정말 그런 것 같습니다.
❸ 그래서 어떻게 되었는데요?
❹ 맞아요. 맞아.

❺ 역시!

❻ 정말요?

❼ 진짜 최고예요!

나를 던져라, 남과 같으면 절대 성공할 수 없다

시대의 흐름을 알면 돈이 보이고 생활이 윤택해진다. 미국의 대표적인 탄산음료 시장의 강자는 코카콜라와 펩시콜라다. 코카콜라는 부동의 우위를 점하면서 전 세계 탄산음료 시장의 최강자로 자리 잡았다. 하지만 영원한 강자란 없듯 펩시콜라가 무서운 속도로 코카콜라를 위협하기 시작했다. 결국 지난 2005년, 100년 동안 부동의 1위 자리를 고수하던 코카콜라는 펩시에 그 자리를 내주면서 녹다운되었다.

펩시콜라의 성공비결은 1등을 무작정 따라 하지 않았던 데 있다. 때로는 경쟁 상대를 비방하고 때로는 회유하면서 타사와 차별화를 꾀했다. 매일같이 변화하는 펩시콜라의 광고는 사람들을 감성적으로 파고들며 펩시의 저력을 느끼게 했다. 남들과 다른 나만의 전략을 짜야 성공할 수 있다는 사실을 단적으로 보여준 사례다.

지금 차분히 앉아 자신의 장점과 단점을 떠올려 보라. 그리고 자신의 단점을 어떻게 바꾸고 싶은지, 장점을 어떻게 활용하면 다른 사람에게 인정받을 수 있을지 고민해보아라. 비즈니스 세계에서 다른 사람에게 인정받는 방법은 그 사람에게 가장 필요한 사람이 되는 것이다. 그렇게 하기 위한 첫 번째 조건이 상대의 감성을 자극하여 그의 마음을 얻는 것이다. 즉 마음을 사로잡아 상대가 나서서 자기를 찾게 만들어야 한다는 의미다.

남들에게 필요한 사람이 되기 위해서는 우선 그 분야에서 최고의 전문가에게 요구되는 능력을 키울 필요가 있다. 회사에서 필요한 사람이 되고 싶다면 우선 당신의 역할 모델을 한 명 선정하여 그를 따라해보자. 그의 장점과 단점이 무엇인지 분석한 후 그를 따라 하다 보면 그와 다른 나의 장점을 발견할 수 있고, 차별화된 나만의 전략을 만들 수 있을 것이다. 펩시콜라가 코카콜라를 위협할 수 있었던 것도 오랜 시간 코카콜라를 분석한 후 차별화된 전략들을 사용했기 때문이다.

물론 이때 주의해야 할 점이 있다. 무조건 1등을 따라 하기만 해서는 안 된다는 사실이다. 한국에서는 2등 하기가 제일 쉽다고 한다. 1등을 그대로 따라 하면 된다. 그리하여 2등은 항상 1등의 마케팅을 따라 한다. 그러면 실제로 정말 2등은 한다. 하지만 그렇게 해서는 절대 1등이 될 수 없다. 세일즈를 시작하려는 많은 사람들은 대부분 현재 1등 판매원들의 신화를 보면서 비전도 찾고 자신도 그 신화에 동화되어 도전하려는 의욕을 가져본다. 하지만 정작 1등 마케팅을 따라 하려고만 애쓰지 자신이 1등을 하겠다는 의지가 약하다.

벤치마킹을 하면서 시대의 흐름과 감각을 키우고 고객들이 어떠한 부분에서 무엇을 원하는지 아는 것도 중요하지만 새로운 영업 아이디어에 대한 고민도 해보지 않은 채 무작정 남들이 하는 것만 베끼고 따라 하는 것은 문제다.

2등은 위험하다. 시대감각을 익히려 노력하지 않고, 늘 남들이 먼저 시작하면 헐레벌떡 뒤늦게 따라 하기 바쁘고, 변화에 둔감한 채로 남들 베끼기에 급급하기 때문이다. 자신이 원하는 것을 얻기 위해 스스로 노력하려는 의지가 없고, 오로지 남들이 하는 대로만 따라 해서는 절대로 다른 사람의 마음을 움직일 수 없다.

남들 하는 것을 베끼는 데 급급하다 보면 2등은 쉽게 달성할 수 있겠지만 언젠가는 도태될 수밖에 없고, 어려움이 닥쳤을 때 스스로 돌파할 수 있는 능력이 없어 끝내는 아무도 기억하지 못하는, 존재감 없는 신세로 전락하고 만다. 우리가 사는 세상은 2등을 기억하지 않는다.

> 노트를 펴고 자기 분야에서 1등인 사람(기업)의 따라할 점과 차별화할 점을 구분해보자.

내가 최고다

TV, 라디오, 버스, 지하철, 전단지 광고 문구를 보면 모두 자신들이 최고라고 말한다. 하지만 최고들은 스스로 최고라고 말하지 않는다. 고객이 최고라고 인정할 때까지 최고의 고객 서비스만 생각하고 제공할 뿐이다. 세계 어느 누구나가 따라 하고 싶게 만들 최고의 세일즈는 고객의 마음을 헤아리는 것부터 시작된다. 그리고 그런 세일즈는 자신의 제품이나 서비스에 대한 확신에서 비롯된다. 마찬가지로 능력 있는 직장인은 모두 자신의 능력에 확고한 신념을 가진 사람들이다.

'내가 최고다' 라는 생각을 가지고 새로운 것에 거침없이 도전하라. 성공하려면 자신이 최고라는 생각을 가지고 새로운 것에 도전하려는 도전 정신이 필요하다. 최고는 자만에서 나오는 것도 아니고 남이 인정해서 나오는 것도 아니다. 스스로 매일같이 자신감을 가지기 위해 공부하고 급격한 시대의 변화 속에서 창의적인 생각을 해야 최고가 된다. 내가 최고라고 암시하고 직장 내에서 눈에 띄는 능력을 발휘하여 모두에게 인정받을 수 있도록 노력하자.

제안과 거절을 적절히 구사하라

거래처에서 손님이 방문해 차나 음료수를 대접할 때도 정확한 화법을 구사해야 한다. "커피 한 잔 드실래요?"라고 말할 것이 아니라 "녹차와 커피가 있습니다. 무엇으로 드시겠습니까?"라고 해야 한다. 즉 상대로 하여금 선택을 유도하는 화법을 구사해야 한다는 말이다. 이렇게 말하면 상대방은 대접받는 느낌이 들어 기분이 좋아지고 입가에 미소를 짓기 시작한다. 여기에는 어떤 차이가 숨어 있는 것일까?

처음 "커피 한 잔 드실래요?"라는 말은 단순히 커피를 먹을 것인지, 먹지 않을 것인지를 묻는 말이다. 이에 반해 "녹차와 커피가 있는데 무엇을 드시겠습니까?"라는 말에는 둘 중에 하나는 무조건 먹어야 한다는 것을 가정하고, 무엇을 먹을지 고르라는 의도가 숨어 있다. 평상시 상대를 빠르게 설득하기 위한 가장 좋은 화법이다. 일을 할 때에도 자신의 아이디어를 제안할 때 이런 화법을 사용하면 상대를 손쉽게 설득할 수 있다.

거절할 때에도 방법이 있다. 대부분의 사람들은 상대방의 부탁을 거절하기 힘들어한다. 일을 거절하는 것이 아니라 사람을 거절한다고 생각함으로써, 거절이 상대와의 관계를 망칠까 봐 두려워하기 때문이다. 부탁을 거절하지 않는 것이 예의라고 착각할 수도 있다. 대부분의 사람이 망설임 없이 거절하는 사람을 그다지 좋아하지 않기 때문이다.

그러나 거절을 적절히 활용해야 크게 성공할 수 있다. 이때 상사나 동료의 성향을 파악한 후 때에 따라 다른 방법으로 거절하는 전략이 필요하다. 다른 사람의 부탁을 거절하는 것은 죄가 아니다. 왜 그 부탁을 거절할 수밖에 없는지 분명한 이유를 답하면 그만이다. 다만 상대가 불쾌해하지 않도록 최대한 우호적인 표정으로 말하는 것이 중요하다.

상대가 말을 끝마칠 때까지 경청한 후 상냥한 표정으로 자신이 그 부탁을 거절할 수밖에 없는 이유를 분명한 어조로 말하는 것이 좋다. 마지막으로 "미안하지만 이 일은 제가 돕기 힘들겠네요. 제 상황을 이해해주시면 좋겠습니다"라고 약간의 미안함을 전달하면 된다. 이때 상대에게 다른 방안을 제시해주는 것도 상대를 배려하면서 거절하는 좋을 방법이 될 수 있다.

> 제안 방법
>
> **커피 한잔 하실래요?** (×)
>
> → 녹차와 커피가 있습니다. 무엇으로 하시겠습니까? (○)
>
> 거절 방법
>
> **끝까지 듣기 → 이유 대기 → 다른 방법 제시**

① 말보다는 행동이 우선이다

판매원은 단순히 말을 잘하기보다 비언어적인 커뮤니케이션을 잘해야 성공할 수 있다. 화법이 그렇게 중요하지 않다는 것이다. 최고의 판매원들은 얼굴에 늘 왠지 모를 자신감과 웃음이 가득하다. 최고의 판매원들의 특징이 있다. 항상 말보다는 행동을 먼저 선택한다는 것이다.

② 손수 다른 사람을 위한 감사장을 쓴다

이 시대 최고의 판매원들의 아침은 다들 비슷하다. 아침에 일어나 가장 먼저 하는 것은 고객들에게 감사 편지를 쓰는 것이다. 자신이 직접 손으로 쓴 글을 사랑하는 가족이나 직장 동료, 고객들에게 보낸다. 아침의 맑은 정신과 상쾌한 기분으로 상대에게 좋은 말들과 좋은 글들을 보내는 것이다.

③ 점심은 고객과 함께한다

사람은 누구나 자신이 좋아하는 사람들과 식사하기를 원한다. 하지만 최고의 판매원들은 항상 점심 식사를 새로운 사람들과 하는 것을 원칙으로 한다. 새로운 고객을 만나 점심을 먹으면서 이런저런 이야기를 나누다 보면 어느새 친한 친구처럼 가까운 느낌이 들게 된다. 이때 영업에 관한 이야기는 자제하고 취미, 사회적 이슈 등으로 대화를 이끌어나간다.

④ 동호회 모임에 참석한다

유능한 세일즈맨은 동호회 모임에 빠짐없이 참석한다. 자신과 같은 취미를 가지고 있는 동호회나 동창회 모임 등의 행사에 꾸준히 얼굴을 내비치고 열정적으로 참석한다. 이렇게 참석하면서 좀 더 다양한 커뮤니티를 형성하고 사람들과 어울리며 많은 정보를 공유하고 좋은 아이디어도 얻게 된다.

⑤ 밤은 나만의 아이디어를 풀어내는 시간으로 활용한다

밤은 하루의 고단함을 풀어주는 휴식의 시간으로 잠들기 전 오늘 했던 일을 반성하는 의미에서 다이어리를 꺼내 일기를 쓰고 다음 날의 스케줄, 일의 중요도를 따져 순서를 체크한다. 마지막으로 꿈에서도 긍정의 생각을 하고 자신이 이루고자 했던 목표가 달성된 것 같은 행복한 상상을 하며 잠을 청한다.

말 잘하는 사람은
브리핑 기술도 다르다

'뭐야, 아직까지 하고 있는 거야?'

회의 중 급한 전화 때문에 밖에 나가서 10분이나 통화를 하고 왔는데도 불구하고 청중의 반응을 무시한 채 끊임없이 지루한 이야기를 하는 사람을 본 적이 있을 것이다. 이런 사람들은 공통적으로 "마지막으로 한마디 더 하겠습니다", "또 한 가지 더 말씀드리고 싶습니다", "제가 준비를 못해서 생각나는 대로 이야기하겠습니다"라는 말을 즐겨 사용한다. 이들은 듣는 사람이 가장 힘들어하는 것이 무엇인지를 정확하게 파악하지 못했거나, 파악했다 하더라도 습관적으로 말을 길게 하는 사람들이다. 지루함은 죄악이라는 말까지 나올 정도로 사람들은 지루하게 말하는 사람을 정말 싫어한다.

그러면 이런 지루함을 어떻게 해결해야 할까? 지루함을 해결하는 가장 좋은 방법은 브리핑 기술을 습득하는 것이다. 브리핑이란 어떤 일에 대한 배경이나 상황을 간단하게 요약하여 요점을 설명하고 보고하는 것이다. 앞에 나가서 같은 시간 동안 발표를 하더라도 유창한 말솜씨로 재미있고 일목요연하게 발표를 잘하는 사람들을 보며 부러움을 느낀 적이 있을 것이다. 지금부터 다른 사람을 사로잡는 브리핑 기술을 익혀보자.

화자와 청자, 브리핑 준비는 이렇게!

1 화자

브리핑하는 사람은 브리핑해야 할 주제를 먼저 파악하는 것이 중요하다. 무슨 이야기를 어떻게 하면 시간 내에 정확하게 전달할 수 있을지 생각한 후 브리핑 자리에 서야 하기 때문이다. 주제를 정확하게 분석하면 시간을 정확하게 맞출 수 있다는 것을 명심하자.

타이밍 선택 역시 중요하다. 지금 브리핑을 해도 되는지 시간을 확인하고 서두에 몇 분 정도 발표할 것인지 밝혀 청중이 시간을 관리할 수 있게 만들어주면 집중도를 높일 수 있다. 브리핑을 시작하고 나서는 상대방의 반응을 확인하는 것이 무엇보다 중요하다. 자신은 열정적으로 브리핑을 준비했다고 하지만 실제로 브리핑을 해보면 청중뿐만 아니라 본인조차 지루함을 느낄 때가 있다. 따라서 청중의 반응을 보고 지루하고 재미없어 하는 느낌을 받으면 전체적으로 말을 빨리 하고 불필요한 사족을 붙이지 말아야 한다. 상대가 이해하기 어렵다는 표정을 짓고 있다면 조금 천천히 이야기하면서 자세한 설명을 덧붙이는 것이 좋다.

2 청자

브리핑을 듣는 사람도 그것이 지금 당장 들어야 할 내용인가를 판단한 후 필요한 내용이라면 진정으로 경청하는 것이 중요하다. 진정으로 경청한다는 것은 브리핑을 다 듣고 나서 반드시 질문을 준비해야 한다는 것을 뜻한다. 질문하지 않는다는 것은 관심이 없다는 것을 의미하기 때문에 내가 잘 듣고 있었다는 것을 상대가 확인할 수 있도록 해주어야 한다.

브리핑하기 전에 발표자가 꼭 확인해야 할 사항

❶ 먼저 대상자를 파악해야 한다. 대상자들이 어떤 기대를 하고 이 자리에 모였는지 알아보고, 대상자의 특성까지 파악해야 한다.
❷ 브리핑할 장소를 확인해야 한다. 어디서 하는지, 빔프로젝터가 설치되어 있는지, 자신의 발표 자리가 중앙인지, 왼쪽인지, 오른쪽인지 사전에 조사해야 한다.
❸ 브리핑 자료를 나누어주고 설명할 것인지 아무 자료 없이 설명만으로 진행할 것인지 판단해야 한다. 청중의 입장에서 발표 자료

를 보면서 듣는 것이 이해가 빠를지 아니면 아무것도 보지 않고 발표자의 말만 듣는 것이 이해가 빠를지 판단해야 한다.

❹ 브리핑 시간을 정확하게 숙지해야 한다. 브리핑 장소에는 적어도 15분 전에 도착하고, 브리핑을 시작하기에 앞서 몇 분 안에 끝날지 파악해두어야 한다. 브리핑을 정확한 시간 내에 끝내려면 평소에 실제 브리핑 시간보다 1~2분 정도 빨리 끝낸다는 생각으로 연습해두는 것이 좋다. 브리핑이 끝나고 나면 청중에게 질문을 받는 시간도 가져야 한다.

❺ 인원을 파악해야 한다. 브리핑을 듣는 인원이 몇 명이나 되는지 파악하면 대상자에 대한 준비는 끝이 난다.

똑 부러지는 브리핑을 원한다면 3대 원칙만 지키자

브리핑을 잘하고 싶다면 다음 3대 핵심 원칙만 기억하자.

1 간결하게 말하라

내용을 조리 있게 정리해서 말했는지, 필요 없는 이야기를 하고 있는 것은 아닌지 한 번쯤 생각해보아야 한다. 간결하게 말하는 데에도 원칙이 있다. 더할 것이 없는 상태가 아니라 뺄 것이 없는 상태로 만드는 것이 간결하게 말하는 가장 중요한 원칙이다.

그렇다면 뺄 것이 없다는 것은 무엇을 말하는가. 내용을 수집할 때에는 모든 것이 다 중요해 보인다. 하지만 시간이 정해져 있기 때문에 모든 내용을 다 말할 수는 없다. 따라서 시간에 맞추어 꼭 알려주어야 하는 내용만 추려야 한다. 평소 1분 안에 말을 끝내는 훈련을 하고 일목요연하게 정리하는 습관을 들이도록 하자.

2 결론부터 이야기하라

들는 사람이 주제에 대한 내용을 보다 쉽게 파악할 수 있도록 먼저 결론부터 정확하게 제시해야 한다. 브리핑을 할 때에는 목표를 설정하고 참석자들에게 자신의 브리핑을 듣게 되면 어떤 점이 유익하고 좋은지 필요성을 자극할 필요가 있다. 필요성을 서두에 언급하지 않으면 청중은 도중에 계속해서 딴생각을 하고 관심을 잃게 되므로 오늘 브리핑을 들으면 어떤 점이 유익한지를 서두에 먼저 설명해야 한다.

직장 상사에게 "지난달에 매출이 15퍼센트 상승했습니다"라고 결론부터 말하고 나서 그 이유에 대한 근거 자료를 정확하게 제시하면 보고를 잘한다는 평가를 받을 수 있을 것이다. 브리핑의 기본은 내가 하고 싶은 이야기를 하는 것이 아니라 상대방이 듣고 싶어 하는 이야기를 해주는 것임을 잊지 말자.

3 알기 쉽게 전달하라

브리핑의 핵심 사항은 어려운 이야기를 알기 쉽게 전달하는 데 그 목적이 있다. 쉽고 재미나게 말하되 예를 들어서 설명하는 것이 좋다. 대상자에 맞추어 예를 들면 아주 쉽게 상대방을 이해시킬 수 있다. 여기서 주의할 점은 예를 들 때는 의미가 맞아야 하며 동감을 끌어낼 수 있는 것이어야 한다는 것이다.

이 밖에 브리핑을 할 때에는 청중들에게 왜 모였는지 참석 이유를 정확하게 알 수 있도록 설명해주어야 한다. 그리고 반드시 예상 질문을 파악해 그 답을 준비하고, 주어진 문제에 대한 대안을 제시할 수 있어야 한다.

당신은 왜 브리핑에 실패하는가?

그러면 지금까지 당신이 브리핑에 실패한 이유가 무엇이라고 생각하는가? 브리핑에 실패하는 많은 요인이 있겠지만 가장 대표적인 이유가 무엇인지 구체적으로 살펴보자.

❶ 먼저 무미건조하게 발표하는 사람들이 있다. 감정이 전혀 섞이지 않은 기계적인 목소리와 부자연스러운 몸놀림, 제스처 없는 로봇처럼 딱딱한 움직임에 청중은 하품만 나온다. 추상적인 표현 역시 청중의 신뢰를 이끌어내기 힘들게 하는 요소다. 어떠한 말을

했다면 반드시 그 이유를 들어 신뢰를 줄 수 있는 근거를 제시해야 한다. 그래야 상대는 당신의 말에 공감한다.

❷ 발표를 할 때 "어~", "저~" 등의 쓸데없는 말을 습관적으로 사용하는 것 역시 올바른 브리핑 태도가 아니다. 이러한 말을 많이 하면 듣는 사람은 발표자의 어눌한 말투에 계속 신경이 쓰여 내용에 집중하지 못한다. 이런 말투는 발표자의 전문성을 떨어뜨리므로 주의해야 한다.

❸ 시종일관 어려운 전문 용어만 사용하려는 사람들이 있다. 그렇게 하면 자신의 권위가 더 올라갈 것이라고 생각하지만 천만의 말씀이다. 브리핑을 잘하려면 상대방의 입장에 서서 상대방이 무엇을 모르고 어디까지 알고 있는지 알아보아야 한다. 그러고 나서 전문 용어가 통용되는 범위가 어디까지인지 정확하게 인지하고 브리핑해야 한다. 전문 용어를 쓰는 이유는 설명 시간을 단축시키는 의미 외에는 없다. 그 전문 용어가 청중의 이해도를 방해한다면 사용하지 말아야 한다.

❹ 숫자의 잦은 노출도 청중의 집중도를 떨어뜨린다. 표현이 부족해서 숫자에만 의존해 브리핑하는 사람들이 있는데, 그렇게 하면 청중은 금세 딴생각을 하게 된다. 필요한 숫자 외에는 되도록 숫자의 나열을 금하고, 꼭 나타내야 하는 숫자만 선별하여 적용하며, 중요한 숫자의 경우 다른 숫자와 구별이 되도록 크게 나타내는 것이 좋다.

❺ 결정되지 않은 일을 놓고 개인적인 생각에 따라 성급하게 결론을 내리는 것 역시 지양해야 한다. "제가 보기에는 확실합니다. 아마도 그렇게 결정될 것 같습니다"라는 불확실한 말로는 청중을 설득할 수도 없지만 설사 설득하는 데 성공했다 하더라도 그렇게 추진된 일은 항상 문제가 생기기 마련이다.

회의를 통해 결정된 사안이라면 자신의 생각과 다르더라도 최대한 부정적인 감정 표현을 자제하고 내용을 정확하게 보고해야 한다. 회의장에서 결정된 사항을 한 달 동안 출장에서 돌아오는 사장에게 보고하는 상황을 가정해보자. 다수결 원칙으로 회의 결과 자신과 생각이 다른 사람의 의견으로 최종 결정되었다면, 이때 보고를 하면서 결정된 사항을 바꾸기 위해 자신의 의견을 또 다시 피력해서는 안 된다는 얘기다.

일주일 출장, 5분 만에 브리핑하기

브리핑을 할 때에는 시간을 지키는 것 역시 상당히 중요하다. 사장이 일주일 동안 출장을 다녀왔다고 하자. 일주일에 있었던 모든 일을 단 5분 안에 브리핑해야 한다면 우선 무엇을 말해야 할지 생각해보라. 당연히 중요한 것부터 선별해야 할 것이다. 선별 작업이 끝난 후에는 시간에 맞추어 핵심 사항별로 말을 하고 시간 관계상 덜 중요한 내용은 "사장님께서 따로 시간이 나실 때 한번 보십시오"라며 관련 자료를 보기 쉽게 정리하여 첨부해 5분 안에 모든 보고를

마무리 지을 수 있어야 한다. 시간을 잘못 숙지해서 사장의 아까운

시간을 뺏으면 되겠는가?

04

나를 돋보이게 만드는
프레젠테이션 기술의 모든 것

검찰청에서 프레젠테이션 강의를 초청받아 간적이 있다.

검사들 앞에서 '프레젠테이션은 이런 것이다' 라는 교육을 하기 앞서 필자도 많이 떨렸으나, 새롭게 알게된 놀라운 사실은 하늘에 나는 새도 벌벌 떨게 만든다는 검사들 또한 앞에 나와서 발표하는 것이 싫고, 떨리고, 무척 두렵다는 것이었다. 그렇다. 이 세상에서 대중 앞에서 발표하는 데 떨리지 않는 사람은 단 한사람도 없다. 나만 그런 것이 아니다 라는 사실을 꼭 기억하자!

많은 사람들이 프레젠테이션을 할 때 자기소개를 간단하게 하고 바로 시작하지만 백발백중 결과는 좋지 않다. 이유는 의외로 간단하다. 도입부에서 강한 신뢰를 주지 못하고 출발했기 때문에 청중은 "내가 이걸 왜 듣고 있지?", "저 사람이 진실을 말하고 있나?" 하는 의문을 가지며 딴생각의 유혹에 쉽게 빠지는 것이다. 성공적인 실전 프레젠테이션은 다음에 오는 세 가지를 전제로 한다.

1 사실적인 '정보 전달'로 청중의 이해를 돕는다

프레젠테이션을 시작하자 사람들이 "무슨 말을 하는 거야?", "혼자 뭐라고 떠들고 있는 거야?"라는 반응을 보이면 실패한 프레젠테이션을 하고 있는 것이다.

2 근거에 대한 정확한 '자료 제시'를 통해 청중에게 신뢰를 얻는다

당신이 무슨 말을 하고 있는지 청중이 이해했다고 해서 성공적인 프레젠테이션이라고 할 수는 없다. 또 다시 2차적 전제조건을 성공시켜야 한다. "이해는 가는데 저 사람이 하는 말을 못 믿겠다"는 이야기가 나오면 정확한 근거 자료를 제시하지 못한 것이다.

3 '이익 제시'로 청중이 나의 뜻대로 행동하게끔 유도한다

청중에게 이해도 시키고 신뢰감을 주었다고 하자. 그런데 청중이 "이해도 가고 저 사람이 하는 말이 맞는 것 같기도 한데 내가 왜 그러한 행동을 해야 하지?", "그렇게 한다고 해서 나에게 어떤 이익이 있지?" 등의 의문을 갖고 행동으로 연결되지 못하면 실패한 프레젠테이션이다.

결국 프레젠테이션의 성공은 청중을 이해시키고 믿을 만한 근거 자료를 통해 신뢰감을 형성한 후 마지막으로 청중에게 강력한 메시지와 그들이 얻어 갈 이익을 제시하여 자신의 생각대로 '행동하게 만드는 것'이라고 할 수 있다.

프레젠테이션 구성은 이렇게!

1 화제를 결정하라

이는 프레젠테이션을 하기 위해 어떤 화제를 선정하고 어떤 자료들을 수집할 것인가 하는 기본 틀을 마련하는 작업으로, 청중이 정말 원하는 것이 무엇인지를 파악하는 것이다. 예를 들어 '여름휴가'에 대한 주제를 가지고 프레젠테이션을 한다고 가정하자. 여름휴가에 대한 정의, 최고의 여름 휴양지, 여름휴가 시 보양음식, 여름휴가 시 유의 사항, 여름휴가 저렴하게 갔다 오는 방법, 여름휴가 재밌게 보내는 팁 등 아주 많은 화젯거리가 나올 것이다. 그런데 발표 시간이 10분 정도 주어졌다고 가정하면 여름휴가에 대한 모든 것을 다 말할 수 없다. 따라서 무엇을 말할지 청중의 성향을 분석하여 청중이 듣고 싶어 하는 소재 중에 가장 유익한 내용을 가지고 발표해야 한다. 이러한 것을 화제 결정이라고 한다.

2 주제는 한 줄로 표현하라

프레젠테이션을 하는 경우 가장 많이 쓰는 도구가 파워포인트다. 파워포인트를 사용하는 이유는 3가지이다. 청중을 이해시키는 데 필요한 설명 시간이 단축되고, 사진 등의 자료를 제시해 내용을 쉽게 기억하게 할 수 있으며, 복잡한 내용을 간략하게 풀어내는 데 유용하기 때문이다.

그런데 파워포인트가 프레젠테이션의 전부가 아닌데도 불구하고 파워포인트 작성에만 열을 올려 한 화면 안에 너무 많은 콘텐츠를 담으려 하는 사람들이 있다. 이렇게 하면 청중도 헷갈리게 되고 발표자 스스로 발표 내용을 숙지하지 못했다는 것을 간접적으로 드러내는 꼴이다.

파워포인트를 구성할 때 말하고 싶은 주제는 단 한 줄로 표현하고 그에 대한 부연 설명은 프레젠터가 해야 한다. 발표 준비가 안되어 있는 프레젠터는 파워포인트에만 의존한 채 그 자료를 기반으로 글만 줄줄 읽어 내려가려 한다. 청중의 이해를 돕기 위한 파워포인트라기보다는 자신이 설명하기 위한 대체 수단으로 파워포인트를 구상하는 것이다.

물론 설명식의 프레젠테이션이거나 도표나 그래프로 사실을 전달하기 위해 어느 정도 서술형의 슬라이드가 필요할 때도 있다. 하지만 필요 없는 부분을 미리 골라내고 청중이 원하는 정보 전달을 위해, 중요한 부분을 발췌해서 파워포인트를 구성한 후 청중에게 전달해야 한다.

3 정보를 수집하고 구체적 사례를 제시하라

자신이 발표할 분야에 연관되는 모든 자료를 수집하는 작업이다. 도서관에서 관련 서적, 논문을 비롯하여 신문사의 스크랩 자료나 통계청의 자료 등 자신의 발표에 관련된, 신뢰를 줄 수 있는 모든 자료를 총동원한다.

4 반복 · 비교 · 확대를 통해 짜임새 있게 구성하라

이것은 구성을 좀 더 세밀하고 재미나게 하는 과정으로 짜임새 있게 만드는 효과가 있다. 앞에서 말했듯이 여름휴가에 대한 주제를 가지고 발표를 해야 한다고 가정해보자.

❶ 첫 번째로 시대적 흐름으로 구성하는 방법이 있다. 과거의 사람들은 여름휴가를 어떻게 보내왔는지, 현재는 어떻게 보내고 있고, 미래는 어떤 식으로 보낼 것으로 예상되는지를 조사해 구체적 사례를 언급할 수 있다. ❷ 또 다른 방법으로는 비교가 있다. 다른 나라와 우리나라의 여름휴가를 비교 · 분석할 수도 있을 것이고, 가장 저렴한 여름휴가와 가장 비싼 여름휴가를 비교할 수도 있다. ❸ 그리고 "예전에 이런 일이 없었다면 이렇게 되었을지도 모른다"는 가정이라든지 "이런 일이 있었다면 이렇게 되었을 것이다"는 확대 해석을 통해 청중의 반응을 끌어내리는 방법도 있다. ❹ 마지막으

로 최신 뉴스를 인용해 발표 내용과 관련해 어떤 일이 일어나고 있는지 트렌드는 어떠한지 등 청중이 알아야 할 정보도 알려주면 신뢰감이 형성된다.

5 상황에 맞는 이미지로 표현하라

다섯 명의 사람에게 "로또 1등 당첨이 되면 어떻게 하시겠습니까?"라는 질문을 했다. "예, 저는 좋은 보트를 한 대 사고 싶습니다", "네, 저는 좋은 차와 좋은 집을 사고 싶습니다", "건물을 짓고 싶습니다", "주식을 사고 싶습니다"라고 많은 분들이 무표정으로 말을 했고, 한 사람은 두 손을 모으고 애절한 눈빛으로 "저는 불우한 이웃을 돕기 위해 반은 사회 단체에 기부하고 나머지 반은 부모님께 드리겠습니다"라고 말을 했다. 대답이 끝나고 나서 청중에게 다섯 명의 대답 중에 어떤 대답이 가장 좋았느냐고 물어본다. 그러면 많은 사람들이 불우한 이웃을 돕고 기부하겠다는 사람의 손을 들어준다.

이것이 바로 성공적인 프레젠테이션이라 할 수 있다. 시스템, 아이디어, 서비스 등을 어떻게 전달하느냐에 따라서 그 호감도가 달라진다. 똑같은 이야기 주제를 가지고 이야기했는데도 상황에 맞는 언어와 내용에 맞는 제스처, 그리고 호감 가는 이미지를 주느냐 안 주느냐에 따라 청중의 반응이 달라진다.

언어와 이미지로 표현하는 과정 자체가 프레젠테이션이다. 발표자의 말을 듣고 자신에게도 이익이 된다고 느끼는 청중이 많아질 때 프레젠테이션을 성공적으로 마칠 수 있다. 오늘부터 알기 쉽게 설명하고 간결하게 말하고 인상 깊게 이야기하는 프레젠테이션의 기술을 연습하고 또 연습해보자.

프레젠테이션, 이렇게 시작하면 아무도 듣지 않는다

1 어설픈 준비는 청중을 화나게 한다

청중은 시간이 남아도는 사람들이 아니다. 이 아까운 시간에 준비되지 않은 당신의 프레젠테이션을 왜 듣고 있어야 하는가? 준비가 되어 있지 않으면 나오지 마라.

> "부족하지만 들어주십시오." (×)
>
> "지금부터 제 발표를 듣게 되면 많은 도움이 되실 겁니다. (○)

2 일방적으로 자기 말만 하면 청중은 지루해한다

청중에게 질문하지 않고 일방적으로 자신의 말만 계속하고, 혼자 설명하는 발표자가 있다. 일방적으로 말하면 청중은 듣지 않는다. 적절한 질문을 통해 청중의 입을 열게 하라.

"저는 성공을 이렇게 정의하고 싶습니다" (×)

"부자가 되는 방법에는 어떤 것들이 있을까요?" (○)

"성공을 뭐라고 정의하고 싶습니까?" (○)

3 기어들어 가는 목소리는 신뢰감을 떨어뜨린다

자신감 없이 기어들어 가는 목소리로 발표하는 사람이 있다. 자신감은 준비에 비례하므로 준비를 철저히 하면 힘 있는 목소리를 낼 수 있다. 물론 선천적으로 목소리가 작은 사람이 있긴 하다. 하지만 목소리도 훈련하면 커진다. 목소리가 작다면 지금부터 목소리를 크게 만드는 발성 연습을 해보자.

자신의 목소리 높이를 10음, 20음, 30음, 40음, 50음, 60음, 70음, 80음, 90음, 100음으로 단계별로 발성을 한다.

한 번 훈련하면 한 번 좋아지고(10음)

두 번 훈련하면 두 번 좋아지고(20음)

⋮

열 번 훈련하면 열 번 좋아진다(100음)

4 상투적인 말은 청중을 피곤하게 만들 뿐이다

"무슨 말을 먼저 시작해야 할지 모르겠습니다만", "~하지 않으면 안 됩니다", "최선의 노력을 할 것입니다", "~해도 과언이 아닙니다" 등 상투적인 언어를 자주 쓰면 분위기가 경직되어서 청중은 지루함을 느낀다. 가식적인 언어로는 상대의 마음을 훔칠 수 없다는 것을 명심하자.

5 구차한 변명은 그 사람조차 구차하게 만든다

"제 나름대로는……", "제가 시간이 없어서 준비를 제대로 하지 못했습니다", "그것은 불필요하다고 생각했기 때문에 하지 않았습니다" 등 구차한 변명이 이어지면 곤란하다. 최종 리허설 때 이런 말을 쓰는지 점검 후 빼도록 하자.

6 장황한 서론은 청중의 집중도를 급속히 떨어뜨린다

본론으로 들어가기도 전에 청중은 지쳐서 딴생각을 하느라 바빠질 것이다.

> "제가 먼저 말하기 전에 여러분께 고맙다는 말을 하고 싶습니다." (×)
> "주제와는 상관없지만 먼저 이 말부터……." (×)

최고의 프레젠터에게 배우는
말하기 비법

자신감이 없는 태도로 발표하는 사람을 본 적이 있는가? 자신감
이 없다는 것은 한마디로 믿을 만하지 못하다는 것을 뜻한다. 앞에
나가 발표를 하는 발표자가 떨면서 자신감 없이 말을 한다면 그 말
을 듣는 청중은 발표 내용과 발표자 자체를 신뢰하지 못하게 된다.
그렇다면 최고의 프레젠터들은 어떻게 프레젠테이션을 하는지 살
펴보자.

최고의 프레젠터들은 프레젠테이션의 특징을 잘 알고 있다. 프레
젠테이션은 많은 사람들 앞에서 자신이 조사하고 경험한 사항들을
발표하는 것이다. 연설은 자신의 생각과 의견을 피력하고 감성적으
로 접근하는 데 비해 프레젠테이션은 자신의 생각보다는 사실에 기
초하여 근거 자료를 제시하면서 청중을 이해시키고 설득할 수 있어

야 한다. 여기서 가장 중요한 사항은 프레젠테이션의 90퍼센트는 발표 기술에 달렸다는 것이다. 많은 사람들이 프레젠테이션을 준비하라고 하면 발표 준비를 등한시한 채 파워포인트 구성만을 생각한다. 그러나 프레젠테이션은 신뢰를 기반으로 한 설득이 최종 목적이라는 것을 잊으면 안 된다.

최고의 프레젠터가 말하는 발표의 기술

그럼 발표 기술에 대해서 알아보자. 발표 기술을 향상시키는 데 먼저 선행되어야 하는 것은 '청중의 욕구를 파악하는 것'이다. 청중의 욕구를 파악하는 가장 좋은 방법은 자신이 청중이 되어보는 것이다. 자신 같으면 이 주제를 통해 무엇을 얻고 싶은지 무엇을 듣고 싶은지를 먼저 확인해야 한다.

그 다음에는 '목표를 설정하는 것'이다. 내가 무엇을 위해, 또 어떠한 목적을 이루기 위해 이러한 발표를 하는 것인지 목표를 설정하는 것이 중요하다. 상대를 이해만 시키면 되는 것인지, 설명을 위한 것인지, 설득시키는 것이 목적인지 정확한 목표를 설정해야 한다.

목표 설정이 끝나면 '청중을 분석하여 성향을 파악하는 것'이 중요하다. 모인 사람들의 특징이나 나이, 성별, 학벌, 지역 등을 미리 알아보고 성향을 분석해서 프레젠테이션을 구성해야 한다.

예를 들어 청중 대부분이 여성이라면 감성을 자극할 수 있는 사진, 이미지 등을 통해서 주의를 집중시킨 후 본론으로 들어가는 방법을 사용하고, 남성이라면 근거 자료를 통해서 먼저 신뢰감을 형성한 후 시작하는 것이 좋다. 나이가 많은 사람들을 대상으로 프레젠테이션을 해야 한다면 설명을 자세히 하고 나중에 시연을 직접 해보도록 하는 것이 좋고, 젊은 층을 상대로 프레젠테이션을 해야 한다면 시연부터 하고 나서 설명을 하는 방식으로 나가는 것이 좋다. 젊은 층은 활동적이고 새로운 느낌을 좋아하기에 뭔가 보여주고 나서 생각하게 만든 다음 자신이 하고 싶은 이야기를 하는 것이다.

성향 분석까지 모두 끝나면 다시 청중의 욕구를 파악하는 것으로 돌아간다. 어떤 목적으로 이 자리에 왔는지, 무엇을 듣고 싶어 하는지, 청중이 원하는 내용을 토대로 프레젠테이션을 구성한다.

프레젠테이션 전에 선행되야 할 것

청중 욕구파악(내가 무엇을 발표할지가 아니라 청중은 무엇을 듣고 싶어 할까?)

목표 설정(발표의 최종 목적이 청중을 이해시키기, 설명하기, 설득하기인지를 안다)

청중 분석(청중의 성별, 나이대, 성향에 따른 발표 기술을 활용한다)

청중의 마음을 사로잡는 3가지 기술

1 자신이 전문가임을 부각시켜라

컴퓨터를 구입하기 위해 고객이 매장에 왔다. 컴퓨터를 사러온 고객에게 어떻게 말해야 컴퓨터를 잘 팔 수 있을까? 컴퓨터를 판매하는 사원은 고객이 어떤 컴퓨터를 사러왔는지, 무엇 때문에 컴퓨터가 필요한지 파악하고, 컴퓨터의 성능과 기능 그리고 최신 기종부터 편의성까지 다양한 이야기를 할 수 있을 것이다. 하지만 여기서 프로 판매원들에게는 공통된 한 가지 특징이 있다. 컴퓨터에 대해서 먼저 말하지 않는다는 것이다. 제품 자체를 말하기에 앞서 고객에게 자기소개부터 한다.

"고객님 안녕하십니까. 컴퓨터를 설명하기에 앞서 제 소개부터 드리겠습니다. 저의 아버지께서는 20년간 컴퓨터 수리업에 종사하셨고 저 또한 10년째 컴퓨터 수리, 보수, 판매 등을 하고 있습니다. 고장 난 컴퓨터도 1시간이면 문제점을 파악하여 고칠 수 있는 기술과 노하우를 갖고 있습니다. 한마디로 컴퓨터에 관한 한 박사라고 생각하시면 됩니다."

그리고 아주 단호한 어조로 한마디 덧붙인다.

"고객님, 저는 이 컴퓨터를 추천하고 싶습니다."

고객과 첫 대면 시 컴퓨터에 대해서 전문가라는 인식을 고객에게 심어주는 데 충분히 시간을 할애하는 것이다. 어느 정도 자신이 컴퓨터의 전문가라는 것을 정확하게 인지시킨 후 그 다음 컴퓨터에 대한 정보를 주면 상대방에게 신뢰를 얻어 효과적으로 설득할 수 있다.

프레젠테이션도 마찬가지다. 처음에 발표를 하기에 앞서 자신이 누구인지 발표를 할 수 있는 자격을 갖추었는지를 청중에게 정확하게 인식시켜 자신이 이 발표의 전문가임을 입증하고 신뢰를 쌓은 다음 프레젠테이션을 시작해야 한다.

자신의 소개와 더불어 자신이 준비한 정보와 내용을 알려줄 자격을 충분히 갖추었을 뿐만 아니라 이 분야에 있어서는 어떤 누구보다 더 자신 있게 설명할 수 있다는 인식을 청중에게 전해주어야 한다. 도입부에 강력한 동기를 부여하기 위해 총 프레젠테이션 시간 중 10퍼센트 이상을 신뢰를 높이는 데 할애하고 집중해야 성공적인 프레젠테이션을 할 수 있다.

상대방이 거부감을 느끼지 않을 정도로 자연스럽게 발표자의 입장을 개방하거나, 프레젠테이션 도입부에 신뢰를 바탕으로 한 자기소개와 전문성을 동시에 말하고 동질성이나 공통점을 찾아내는 방법으로 접근해야 한다. 왜냐하면 사람들에게 전하는 정보의 순서가 매우 중요하기 때문이다. 사람은 누구나 처음에 좋은 모습을 보면 끝까지 좋은 모습을 남기고자 하는 강력한 자기암시를 한다는 것에 명심하자.

2 청중에게 질문을 유도하라

이렇게 신뢰가 형성되면 전체 윤곽에 대한 간략한 목차를 제시하고 오늘 이러한 것들에 대해서 몇 분간 발표가 있을 것이고 발표가 끝나는 대로 질문을 받겠다고 말해야 한다. 여기서 주의해야 할 사항은 프레젠테이션 도중에 계속해서 질문을 받으면 이야기 흐름이 끊기고 자칫 내용이 엉뚱한 방향으로 전개될 수 있다는 사실이다.

사람에게는 자기 방어 본능이 있다. 자신이 남들보다 못해 보이고 남들에게 싫은 소리를 듣지는 않을까 불안해하며 상대를 경계하고 자기를 보호하려는 본능을 말한다. 그런데 프레젠테이션이나 발표를 할 때 자기 방어 본능이 너무 강하면 실수에 대한 부담이 커지고, '내가 무시당하면 안 되지' 하는 부정적 관점에서 문제를 보기 때문에 더 크게 실패한다. 새로운 환경이나 변화에 민감한 사람들은 자기 방어 본능이 너무 강한 것이다. 청중을 참여자로 만들기 위해서는 이런 자기 방어 본능을 풀어야 한다.

청중을 참여자로 만들고 자신이 말하고자 하는 주제에 대해 주의 집중을 시키며 나를 주목하게 만드는 기술은 의외로 간단하다. 주제가 있으면 청중에게 그 주제에 맞는 질문을 유도해 손을 들게 만들어 도입부에 강력하게 자신을 주목시킨 다음 프레젠테이션을 시작하는 것이 좋다. 구체적으로 살펴보면 다음과 같다.

❶ 청중에게 질문을 하고 답을 찾도록 유도한다.("우리 모두는 행복해지기를 원합니다.")

❷ 청중에게 동의를 유도해 같이 호흡한다.("다들 건강하고 싶으시죠?")

❸ 청중에게 서로 질문을 하게끔 유도한다.("옆에 있는 짝에게 왜 오늘 이 자리에 오셨는지 물어보세요.")

❹ 서로 의견을 묻게 하고 토론하게 만든다.("부자가 되는 방법에는 어떤 것이 있을까요?")

주식에 관련해서 발표를 할 경우 "지금부터 주식에 대한 기초 상식에서부터 주식을 처음 시작할 때 어떤 식으로 시작해야 하는지 강연을 시작하겠습니다"라고 무미건조하게 시작하면 주식에 관심이 있는 사람들조차 따분한 느낌을 가질 것이다. 그러므로 발표를 시작할 때에는 다음과 같이 항상 흥미와 관심을 가질 수 있는 질문으로 시작해야 한다.

"여러분, 부자가 되고 싶으신 분 손 한번 들어보세요. 네, 많이들 드셨습니다. 세 번째 줄에 앉아 계신 파란 넥타이 선생님! 어떻게 하면 가장 쉽게 부자가 될 수 있겠습니까?"

"여러분, 한 달에 정보만 가지고 3,700만 원을 번다면 믿으시겠습니까? 못 믿으시겠다고요? 그러면 좋습니다. 오늘 제 강연을 들으시면 한 달에 3,700만 원을 벌 수 있는 방법을 알게 될 것입니다. 주식 이야기를 할 텐데요. 잘 들어주십시오."

똑같은 말이라 할지라도 청중에게 질문을 통해 반응을 유도하고 그 반응을 나의 프레젠테이션에 접목시키면 인상적인 도입부를 시작할 수 있다. 사장단, 임원면접, 질문을 하기 껄끄러운 대상자 앞에서 프레젠테이션을 해야 할 때 역시 앞에서 했던 것과 마찬가지로 전문가로서 신뢰성을 구축한 후 전체적인 윤곽을 설명하고 자신이 질문을 하고 자신이 대답하는 형식으로 동일하게 시작하면 된다. 예를 들어 앞에서 주식에 관련한 보고를 해야 할 상황이라고 한다면 다음과 같이 말해보자.

"우리 모두는 부자가 되기를 원합니다. 그럼 부자가 되는 방법으로는 어떤 게 있습니까? 저축, 부동산, 투자, 사업 등 여러 가지가 있겠지만 저는 주식에 관해 부자가 되는 1등 노하우를 전하고 싶습니다. 여러분 주식으로 한 달 수익이 3,700만 원이라면 믿으시겠습니까?"

"○○년도 ○○월 ○○일에 ○○일보에 난 기사입니다. 한 달에 무려 3,700만 원이나 수익을 올린 ○○○씨가 그 주인공인데요? 이분의 주식투자 노하우와 관련한 사항을 분석한 결과 어떤 식으로 투자를 하고 어떻게 투자처를 찾는지 비법을 말씀드리려 합니다. 지금부터 시작하겠습니다."

3 청중의 반응을 체크하라
청중은 금방 싫증을 내는 아이와 같다. 따라서 항상 간결하게 이야기하는 것을 생활화해야 한다. 또한 외부 환경에 민감하게 반응하므로 휴대전화나 잡담, 출입문을 통제하여 자극을 최대한 줄여야 한다. 경청하는 사람들은 친근감과 경계심을 동시에 가지고 있기 때문에 호의적으로 보이던 사람이 발표 점수를 낮게 주고, 계속해서 인상을 쓰던 사람들이 오히려 나에게 후한 점수를 주는 경우가 있다. 자신이 준비한 내용만을 진실하고 과장되지 않게 이야기한다면 원하는 결과를 얻을 수 있다.

청중의 반응도 체크

• 지루함을 느끼는 청중 → 최대한 설명을 줄이고 질문과 답변하는 시간을 가져 청중의 반응을 유도한다.
• 이해가 되지 않는다는 표정의 청중 → 입을 크게 벌리고 목소리를 크게 하면서 말을 천천히 또박또박 한다.
• 분위기가 어수선할 때 → 준비한 동영상을 틀거나 예화를 들고 비교 분석 해주는 등 시각적인 효과를 발휘한다.

모든 직장인에게 협상은
선택이 아니라 필수다

"진짜 2011년도가 맞아."

"아니야. 2010년이야."

오늘도 어김없이 인생에 도움이 되지 않는 논쟁으로 주위 사람들의 마음에 상처를 주고 상대방을 적으로 만드는 사람들이 있다. 직장 생활에서도 마찬가지로 회의와 토론을 하면서 "내가 맞네, 네가 맞네"라며 갑론을박하는 경우가 있다. 이럴 때를 대비해 직위나 직책에 상관없이 누구에게든 자신의 생각을 더욱 논리적으로 보여주는 기술을 준비한다면 유용할 것이다. 상대에게 상처를 주지 않으면서 나의 주장을 강력하고 조리 있게 말할 방법은 없을까?

상황에 따라 다를 수는 있으나 논리적으로 말하는 것은 직장 생활에서 무엇보다 중요하다. 우리는 간접적이든 직접적이든 다양한 상황에서 직장 상사나 동료들과 서로의 의견을 교환하기 때문에 협상 능력이 필요하다.

협상의 권리를 행사하라

"헉, 헉, 헉……."

거친 숨을 몰아쉬며 운동장에서 마지막 트랙을 돌고 있는 마라톤 선수들이 있다. 누가 이길지 전혀 예상하지 못한 상태에서 마지막 30분부터 선두로 치고 나오던 선수가 결국 승리의 테이프를 끊으며 기쁨을 감추지 못하고 있다.

마라톤을 보거나 직접 뛰어본 적이 있는가? 마라톤은 처음에 1등을 한 사람이 끝까지 1등을 하는 경우는 드물다. 그만큼 자신의 컨디션에 맞추어 페이스를 조절해야 하는 운동이다. 전략을 잘 수립하지 않고 처음부터 곧장 빨리 치고 나가면 나중에 기운이 떨어져 기진맥진하고 결국 선두 그룹에서 탈락하고 마는 것이다.

협상도 이 마라톤과 똑같음을 명심하라. 직장에서든 사회에서든 가정에서든 협상을 해본 적이 있을 것이다. 협상을 잘하려면 먼저 협상에 임하는 사람들의 협상 권리와 심리를 정확하게 파악할 수 있어야 한다. 진정한 협상가들은 협상 권리를 이해하고 있다. 이제부터 협상을 시작하기 전에 당신이 꼭 알아야 할 협상권리에는 어떠한 것들이 있는지 알아보자.

1 상대방의 말을 잘못 알아들을 권리가 있다

사람은 누구나 상대와 이야기할 때 상대방이 이야기하는 것에 대해 아는 척을 하려고 애쓴다. 사람들은 남들은 알고 있는데 나만 모르고 있는 사실에 대해서 불안감을 느끼고 심리적으로 위축되기 때문이다.

그런데 협상에서는 아는 척이 오히려 해가 된다. 상대방이 한 시간이 넘게 조리 있게 설명한다고 해도 최고의 협상가인 당신은 못 알아들을 권리가 있으므로 아는 척을 할 필요가 없다. 혹은 나에게 불리한 부분이 있다면 알고 있어도 모른다고 시치미 뗄 수 있어야 한다.

2 실수할 권리가 있다

사람은 완벽한 모습만 보이려고 하고 실수하는 것을 두려워한다. 자신의 잘못된 결정 탓에 많은 피해를 보았다면 두말할 나위 없이 더욱더 실수나 실패를 두려워한다. 하지만 실수하면 절대 안 된다는 인식을 가지고 실수를 피하려고 한다면 오히려 긴장하여 더 큰 실수가 일어날 수 있다. 자신의 생각과 판단이 잘못될 수 있고 협상에서 실수할 수도 있다. 선택적 조건을 잘못 착각할 수 있고, 말실수를 할 수 있으며, 잘못 알고 있는 지식이나 상식 그리고 그릇된 정보를 진실인 양 잘못 말할 수도 있다. 사람이기에 협상에서 실수할 수 있다는 것을 인정하자.

3 우유부단할 권리가 있다

현대인들은 누군가 자신을 헐뜯지는 않을까 불안해하고 남들의 비난에 심한 두려움을 느끼고 있다. 그리하여 자신이 한 번 내뱉은 말은 무조건 지키려고 하는 습성이 생겼다. 물론 신용 사회에서 자신의 말 한마디가 중요하고 말을 내뱉었으면 그 말대로 실천해야 한다. 하지만 일생일대 단 한 번의 협상에서 본인이 잘못 말한 사안에 대해서 손해를 보면서까지 자신이 한 말에 책임질 필요는 없다.

4 상대에게 나쁜 인상을 심어줄 권리가 있다

협상은 인기 투표가 아니다. 계속적으로 좋은 것이 좋은 것인 양 시종일관 웃음만 지으면서 상대방에게 끌려갈 필요가 없다. 상황에 따라서는 고함을 지를 수 있고 화도 낼 수 있으며 과격한 행동도 할 수 있어야 한다.

5 억지 주장을 펼 수 있는 권리가 있다

말도 안 되는 이야기를 할 수 있고 논리에 어긋나는 말을 할 수도 있다는 것이다. 예를 들어 컴퓨터 마우스를 사러 가서 모니터 본체를 끼워달라고 하듯 말도 안 되는 요구를 할 수 있다. 억지 주장을 할 수 있는 권리를 이해하고 심하게 가격도 다운시켜 보고 말도 안 되는 요구로 상대방을 혼란에 빠뜨릴 수도 있어야 한다. 이는 상대가 예상하는 협상의 폭을 좁히는 작업으로 상대의 기대감을 빼앗아 요구나 요청을 조금밖에 할 수 없도록 하는 방법이다. 이렇게 하면 협상에서 유리한 고지를 선점하는 데 큰 효과가 있다.

6 답을 하지 않고 똑같은 말을 되풀이할 수 있는 권리가 있다

사람은 상대방의 모든 질문에 대해 답을 해주려고 애쓴다. 하지만 협상 테이블에 앉으면 그럴 필요가 없다. 자신에게 불리하거나 손해 보는 느낌의 답을 할 수밖에 없는 상황이라면 차라리 묵묵부답으로 똑같은 말만 되풀이할 수 있어야 한다. 상대방이 근거 자료를 정확하게 제시하여 다 이해가 가더라도 "잘못 알아들었는데요", "무슨 말씀하시는지 도저히 이해가 되지 않습니다"라고 말하는 것이다.

프로 협상가들은 이 6가지 협상 권리를 미리 점검하고 나서야 협상 테이블 의자에 엉덩이를 붙인다. 이 권리를 알고 있는 사람과 모르는 사람은 협상력에서 현저한 차이를 보인다. 물론 이 협상 권리를 이행하는 데 반드시 선행되어야 할 조건이 있다. 협상 상대에 따른 협상 기간을 정확하게 인지하고 있어야 한다는 것이다. 거래처와 계속해서 거래를 해야 하고, 지금 조금 손해를 보더라도 장기적인 관점에서 계속 거래를 하는 것이 이익이라고 판단되면 협상 권

리만 내세우면 안 된다. 만약 이런 협상 권리만 내세운다면 신용 없는 사람으로 낙인찍힐 것이기에, 하루 이틀 거래할 것이 아니라면 협상 권리만 주장해서는 곤란하다.

그럼 언제 협상 권리를 발휘해야 하는가? 최종 마지막 단계에서 물러 설 수 없는 상황을 맞았고, 두 번 다시 지금의 상대와 협상할 필요가 없는 1회성 협상이라고 판단될 때에만 협상 권리를 발휘해야 한다.

협상 상대의 심리를 파악하라

협상 권리를 정확하게 이해하였다면 협상에 임하는 상대의 심리 상태를 파악해야 한다. 상대의 심리를 이용해 협상을 유리하게 만드는 방법이 무엇인지 구체적으로 살펴보자.

1 불안을 부채질하라

사람은 불안하면 무의식중에 안전한 장치를 찾는 습성이 있다. 따라서 상대의 불안을 계속해서 조장하면 무의식 중에 안전 장치를 찾게 된다. 상대방에게 협상이 결렬되거나 협상 무산이 되었을 시 이에 대한 추후 피해 상황을 말해주고 다른 회사를 선택했을 때 감수해야 할 피해를 소상히 이야기하면 상대는 적극적으로 협상에 임할 수밖에 없다.

2 장점을 먼저 말하라

사람은 누구나 처음에 손해 보는 이야기를 듣게 되면 나중에 아무리 좋은 이야기를 해주어도 들으려 하지 않는 심리가 있다. 처음 손해에 대한 이야기를 들으면 나중에 이득이 되는 내용이 반감되는 것이다. 예를 들어 판매원이 고객에게 전기밥솥을 판매할 경우를 생각해보자. 고객이 "이게 이번에 새로 나온 제품인가요? 얼마나 하죠?"라고 묻자 바로 "네, 40만 원입니다"라고 이야기하면 생각지도 못한 금액에 놀란 고객은 머릿속에 온통 '40만 원은 비싸다'란 생각으로 가득 차 이후 판매원이 그 제품의 성능을 아무리 설명해도 귀에 들어오지 않는다.

따라서 항상 이득이 되는 점을 먼저 이야기하고 나중에 해가 되는 이야기를 해야 한다. 가격을 먼저 물어보는 고객이 있다면 그 제품만의 장점을 먼저 설명해 관심을 끈 뒤 가격을 말해야 고객은 가격에 대한 부담에서 어느 정도 벗어날 수 있다. 협상을 할 때 역시 상대가 동의하기 쉬운 질문부터 시작해서 최종적으로 동의를 이끌어내는 방법을 써야 한다.

3 단정적으로 말하라

협상을 할 때에는 단정적으로 말하는 것이 좋다. 누구나 사람은 단정적으로 말하는 사람에게 끌려가는 기분이 들게 마련이다. 협상에서 동등한 입장은 없다. 시소를 생각해보면 이해가 쉽다. 언제나 협상의 키를 가진 쪽과 그렇지 않은 쪽이 존재한다.

예를 들어 회사 간 가격 협상 시, 특정 금액을 제시함과 동시에 "안 됩니다", "절대 그럴 수 없습니다"라고 단호하게 말하면 상대는 당혹스러움을 느끼게 된다. 이때 "오늘 오후 3시까지 확답을 주십시오. 그렇지 않으면 협상이 결렬된 것으로 알겠습니다"라고 말하면서 시간적인 압박까지 가하면 협상에서 유리한 고지를 선점할 수 있다.

협상에 여지를 주지 않겠다는 이미지를 처음부터 강하게 어필하면 상대는 결국 심리적으로 불안해져 처음의 입장보다 양보하는 선에서 협상에 임하게 되는 것이다. 단정적인 말투로 선제공격을 하면 반드시 상대는 동요하게 되어 있다.

이때 협상이 결렬되더라도 해결 가능한 차선책이 있어야 한다. 협상이 결렬될 수도 있다는 것을 알고 미리 차선책을 대비하면 마음이 조급해지는 것을 막을 수 있어 이성적 판단에 도움을 준다. '이것이 아니면 안 된다' 는 마음 자세는 처음부터 스스로 불안감을 조장하게 되고, 그러한 마음이 상대방에게 노출되면 결국 나에게 불리한 방향으로 협상이 이어질 수밖에 없는 것이다. 협상에서 보다 여유를 가져야 한다. 스스로 불리한 조건에 빠져들어, 무리하게 협상을 진행하여 나중에 큰 손해를 보는 일은 없도록 해야 할 것이다.

직장에서도 상사와 부하 동료의 부탁이나 요구 조건을 듣고 자신에게 불합리한 결과를 초래할 것으로 예상된다면 듣는 즉시 손사래 치면서 "안 됩니다", "그럴 수는 없습니다"라고 단호하게 말하라. 처음부터 단호하게 거절해야 이후에도 불리한 입장에 처하지 않게 된다.

만약 거절하기 힘든 상황이라면 "이번 한 번만 부탁을 들어주겠습니다"라고 말하면서 생색을 내야 한다. 상대의 요구를 쉽게 들어주면 상대가 고마움을 느낄 것 같지만 실상은 정반대다. 너무 쉽게 부탁을 들어주면 이후 상대는 더 많은 것을 당연하게 요구한다. 상대의 부탁을 일단 들어주기 힘들 것 같다는 표정과 액션을 취하면서 대답을 미루는 것 또한 자신의 가치를 높이는 중요한 전술 중 하나라는 사실을 명심하자.

4 서두에 핵심을 이야기하지 마라

서두부터 핵심을 이야기하면 좋은 결과를 얻기 힘들다는 협상 심리가 있다. "시간 없으니까 빙빙 돌리지 말고 그냥 본론부터 말해보십시오!"라고 말하는 사람들을 보았을 것이다. 그런 말을 듣고 진짜 본론부터 이야기하면 본인이 원하고자 하는 답은 절대 들을 수 없다. 협상을 할 때에는 시간이 없다고 해서 본론부터 이야기하면 안 된다. 사람은 누구나 "예"라고 말하기에 앞서 무조건 "아니오"라는 답변을 준비하고 있기 때문이다. 처음부터 본론을 꺼내면 그만큼 성공할 확률이 줄어든다. 협상을 할 때에는 반드시 날씨라든지 주변 이야기부터 시작해 주의를 환기시켜야 한다. 그러고 나서 천천히 협상내용으로 접근하는 자가 진정한 협상의 달인이다.

협상 상대로부터 정보를 빼내는 방법

1 계속 질문에 답하게 하라

지피지기면 백전백승이라는 말은 협상을 위해서 존재한다고 해도 과언이 아닐 것이다. 협상에서 이기는 방법 중 가장 빠르고 좋은 방법은 상대방이 어떠한 성격과 생각을 가지고 있는지, 그리고 어떤 성향이 있는지 아는 것이다. 그렇게 하면 반은 성공했다고 볼 수 있다.

사람은 상대가 질문을 하면 계속 대답해야 한다는 무언의 약속과도 같은 심리적 압박을 느끼게 된다. 질문을 받으면 답을 해야 한다는 압박감에 계속해서 답을 해주려고 하고, 답을 하다가 자신이 평소에 가졌던 생각들이 쏟아져 나오는 것이다. 그 속에서 상대방이 어떤 의중이 있고 어떤 결과를 예상하고 있는지 미리 밑그림을 그려볼 수 있어서 상대의 정보를 캐내는 데에는 질문보다 좋은 방법이 없다.

서두에 자신과 협상을 하면 어떠한 점이 좋은지 어떤 혜택이 있는지 구체적으로 설명하면서 상대방의 반응을 체크해보면 상대방의 의사를 좀 더 명확히 알아낼 수 있다.

2 상대방을 불쾌하게 만들어라

'도신'이라는 영화를 본 적이 있는가? 흔히 말하는 도신들은 딜러에게 카드를 받을 때 상대방의 얼굴 표정을 먼저 확인한다고 한다. 그 미세한 표정의 떨림을 통해 상대방의 카드에 무엇이 들어왔을지 추측하고 다음 수를 대비하는 것이다.

협상을 할 때에도 성공률을 높이기 위해 상대방에게 의도적으로 불쾌한 기분을 느끼게끔 어느 정도 강압적인 분위기를 조성해야 한다. 이 협상이 결렬되면서 발생할 수 있는 불이익과 기회를 놓치면 생기는 문제점에 대해 상대방이 감성적으로 흥분하게끔 유도한다. 상대가 흥분하는 정도를 보면 상대가 얼마나 이 협상을 갈망하고 있는지 관심 정도를 정확하게 파악할 수 있다.

하지만 무작정 흥분시키면 안 된다. "사장님, 이번에 이 기회를 잡지 못하신다면 앞으로 얼마 가지 않아 회사가 큰 손해를 보게 될 것입니다"라고 말하면 상대를 흥분시킬 수는 있겠지만, 협박하는 느낌을 주기 때문에 상대는 협상 자체를 피하게 된다. 항상 본인의 생각인 것처럼 이야기하지 말고 상대의 생각을 대변하는 것처럼 말해야 한다. "사장님, 이번에 이 기회를 잡지 못하신다면 앞으로 얼마 가지 않아 회사에 손해가 간다는 사실을 사장님께서 먼저 아시

리라 생각합니다"라고 우회적으로 표현할 수 있어야 한다.

그리고 난 뒤에는 반드시 자신과 협상이 성공적으로 진행되면 어떠한 이익이 있는지에 대해 실질적으로 비교 · 분석하여 상대에게 설명해야 한다. 상대의 미묘한 표정에서 그 사람의 심리까지 읽을 수 있다면 당신은 이미 성공한 협상가이다.

3 인맥을 활용하라

많은 사람들은 알고 있다. 성공하기 위해서는 인맥이 중요하다는 것을 말이다. 특히 우리나라는 인맥 관계의 의존도가 다른 나라에 비해 훨씬 높다. 여섯 명만 거치면 대통령을 비롯한 우리나라 안에 있는 모든 사람들을 만날 수 있다고 한다. 그 정도로 마음만 먹으면 모든 사람들을 만날 수 있다.

상대방의 감춰진 본심을 알아차리기 위해서 발품을 팔아서라도 상대방을 잘 아는 인맥을 찾아 협상 상대와 협상 회사에 대한 정보를 많이 알아내는 것이 중요하다. 내가 협상을 잘 이끌어내겠다는 열정만 있으면 협상 상대를 미리 파악하는 일쯤이야 그리 어려운 일도 아니다. 귀찮다는 이유로 상대에 대한 사전 정보와 준비 없이 협상 테이블에 앉는 경우, 자신이 바라는 협상 결과와는 정반대의 상황이 나올 수 있다는 것을 명심하자.

정보를 물어보고 싶으면 "제가 협상을 해야 하는데 상대방에 대해 이야기 좀 해줄 수 있겠습니까? 협상이 성공적으로 끝나게 되면 사례하도록 하겠습니다. 먼저 성격은 어떻습니까?"라고 구체적이고 부분적으로 물어보아야 한다. "제가 협상을 해야 하는데 상대방에 대해 아는 대로 정보 좀 주십시오. 꼭 필요해서 그렇습니다"라고 두루뭉술하게 말하면 안 된다. '아는 대로'라는 말은 추상적이어서 무엇을 먼저 말해야 할지 상대방의 착각을 일으키고, '정보'라는 말은 얼마나 중요한 정보를 원하는지 의문을 품게 한다.

4 협상 상대를 파악하라

협상 상대에 대한 철저한 분석이 있어야 성공적인 협상 스피치를 시작할 수 있다. 상대방을 파악하지 못하고 협상을 하면 초반부터 일에 관련된 부분만을 이야기하게 되고 기계적이고 가식적인 협상 내용에 대한 말만 하게 된다.

사람은 이성적으로 모든 생각을 하고 판단을 할 것 같지만 최종 결정을 할 때는 감정에 치우쳐 결정하는 경우가 대부분이다. 특히 우리나라 사람들은 정에 약하다는 말을 들을 정도로 감정에 약하다. 협상 상대를 정확하게 파악하고 어떠한 성격인지까지 인지한 상태라면 자신에게 유리한 협상 스피치를 적용할 수 있다.

협상에도 최고의 시간이 있다?

언제 채소 가게에 가면 채소를 싸게 살 수 있는가? 가게 문이 열리자마자 아침에 가서 싸게 해달라고 하면 욕을 있는 대로 먹고 나올 가능성이 크다. 반면 가게 파장 시간에 맞추어 떨이라고 외칠 때 가면 싸게 살 수 있는 확률이 높아진다. 마찬가지로 협상도 입장에 따라 유리한 시간과 그렇지 않은 시간이 있다.

협상에는 키를 가진 쪽과 가지지 못한 쪽이 있다. 협상을 해보면 알게 되겠지만 좀 더 부탁해야 하는 쪽이 있는 반면 조건을 먼저 내거는 쪽이 있다. 조건을 내거는 쪽이 키를 잡고 있다고 생각하면 된다. 쉽게 말해서 집주인과 집을 사려고 하는 세입자 간의 협상에서 조건을 내거는 쪽은 대부분의 경우 집주인일 것이다. 이 상황에서는 집주인은 협상에서 키를 잡고 있다고 볼 수 있다.

자신이 키를 갖고 있는 집주인이라면 꼼꼼하게 따져보고 가장 이성적인 생각으로 판단력과 집중력이 강한 아침 10시부터 11시 30분 사이에 시간 약속을 정하고 세입자를 그 시간에 맞추어 오라고 하면 좀 더 유리한 협상을 하게 된다.

반대로 자신이 세입자 입장이라면 꼼꼼하고 세밀하게 따져보는 아침 시간대보다는 점심 식사를 마치고 느긋한 기운이 넘치는 오후 2시나 4시쯤 약속을 하는 것이 좋다.

협상의 키를 쥐는 방법

키를 가지고 있는 상대방이 양보할 기미를 보이지 않고 계속 협상이 난항을 거듭한다면 주의를 환기시키는 전략을 써야 한다. 서로 한 치의 양보도 없이 자신의 주장을 펼칠 때, 그리고 논쟁을 계속해도 더 이상 진전이 없을 때에는 잠시 흐름을 끊는 것이 유리하다. "잠깐 커피 한 잔 마시고 합시다", "잠시 화장실 좀 다녀오겠습니다", "내일 다시 이야기하지요"라고 흐름을 끊어야 한다. 자신의 주장을 강하게 밀어붙이면서 계속 말하면 점점 자신의 의견만 옳다는 생각을 하게 되고 상대방의 말은 들으려 하지 않는다. 해결책이 나오지 않은 상태에서의 의견 공방은 필요 없이 에너지만 소비할 뿐 상대방과 나 그 누구에게도 도움이 되지 않는다. 이러할 때는 "그럼 이 부분부터 이야기해봅시다"라고 잠시 주의를 환기시킨 다음 다시 이야기를 풀어나가는 것이 좋다.

지금 협상하고 있는 상대가 최종 결정권을 가지고 있는 사람인지 알아보는 것도 중요하다. 실컷 논리 정연하게 이야기해서 설득했더니 나중에 다른 말을 하는 사람들이 꽤 있다. "제가 결정권이 없어서", "집사람에게 좀 물어보고 하겠습니다"라며 한순간에 당사자를 허탈하게 만든다. "사장님께서 결정권을 가지고 있는 게 맞습니까? 누구에게 또 보고를 하고 결정을 받아야 합니까?"라고 사전에 정확하게 조사해 확인을 한 후 의사 결정권자와 최종 협상을 펼칠 수 있어야 한다.

협상을 하는 데 또 중요한 것 중 하나는 앞을 내다볼 수 있는 통찰력을 갖는 것이다. 지금 당장에는 이 협상이 이루어지지 않으면 죽을 것 같고 이 물건을 못 사면 안 될 것처럼 보이지만 시간이 지나면 '그때 그렇게 목숨을 걸 필요가 없었는데' 하고 후회하는 사람들을 주위에서 많이 볼 수 있다. 반대로 현재는 아무것도 아닌 것처럼 보이고 당장 손해를 보는 것처럼 보이더라도 이 협상을 통해 발전이 있고 비전이 보이면 그 또한 손해를 감수하면서 쟁취할 수 있어야 한다. 협상 테이블에 앉기 전에 사전 조사를 철저히 하고 분석·비교·예측하여 최고의 협상이 아닌 최선의 협상을 할 수 있는 통찰력을 기르도록 노력하자.

협상은 구걸이 아니다

협상에서는 여유를 부리는 기술이 필요하다는 말과 일맥상통하는 것이 있다. 바로 없어도 있는 것처럼 보여야 한다는 것이다. 흔하지는 않지만 협상을 하면서 조건을 타협할 생각은 하지 않고 무조건 신세한탄을 하면서, 한 번만 봐달라는 식으로 협상이 아닌 구걸을 유도하는 사람들이 있다.

협상은 구걸이 아니다. 상황에 따라 다르겠지만 배수의 진을 치고 더 이상 어떻게 할 수 없으니 사정을 봐달라고 말하면 대체로 상대방은 협상에서 더욱더 상대를 무시하게 된다. 나아가 상대에게 매몰차게 하고 싶은, 숨어 있는 심리까지 표출하게 만든다는 것 또한 명심하라.

비굴 모드로 들어가서 지금 당장 협상을 성공적으로 이끌어냈다 하더라도 장기적인 관점에서는 마이너스 효과를 낳는다. 상대는 자신과 협상했다고 생각하는 것이 아니라 부탁을 들어주었다고 생각하기에 다음번에는 그 상대와 만나기를 꺼리고 더 큰 조건을 내건다. 협상은 말 그대로 협의해서 서로 도움을 주고받을 수 있는 최고의 시너지 효과를 창출하는 회의라는 것을 잊지 말자. '없어도 있는 것처럼' 여유를 부리며 최고 협상가의 자질을 쌓도록 노력하자.

협상에 실패하는 이유

사람들은 왜 협상에서 실패하고 실수하게 될까? 그 원인과 이유를 알아보자.

1 진행 결렬의 두려움

협상에 임하면 사람은 누구나 진행 결렬의 두려움을 느낀다. 자신이 결정한 협상 결과물을 자신이 속해 있는 조직에서 어떤 식으로 평가할지 두려움을 느끼는 것이다. 조직적 비난이 두려워 자신의 생각을 정리해서 말하기보다는 집단적인 사고에 좌우될 때 실수가 일어나기 쉽다. '이런 결과를 가지고 가면 우리 부장님은 나에게 뭐라고 할까?'라는 생각에 모험하려 하지 않고 안정적인 것만 찾으려 한다. 이렇게 하다 보면 적극적인 자세보다 소극적인 자세로 협상에 임하게 되고 결국 좋은 협상 결과를 이끌어낼 수 없다.

2 준비 부족으로 발생한 선택 조건 착각

준비가 부족하면, 선택 조건을 착각하는 경우가 생긴다. 준비 시간이 촉박해지면 전체적인 흐름을 놓쳐 숲을 보지 못한다. 나무 하나에 신경을 쓰기 때문에 협상 전체의 밑그림을 그릴 수 없는 것이다. 이런 경우 한 수 앞을 내다보지 못하고 상대의 준비된 전술에 말려들 수 있다. 자신이 큰 것을 양보하게 된 것을 인지하지 못하고 작은 것에만 연연해하는 경우다.

자신이 선택 조건을 착각하고 짧게 생각해서 협상을 끝냈는데 뒤돌아보니 막상 협상 조건이 자신에게 불리해져 있고 실제보다 옵션이 너무 과한 경우가 많다. 항상 계약서에 서명하기에 앞서 더더욱 꼼꼼하게 읽어보고, 문맥의 정리를 추상적으로 하기보다는 일목요연하게 정리하여 계약하는 것이 중요하다.

3 손쉬운 정보에 의존하기

지인으로부터 "사장님 땅이 하나 나왔어요. 이런 기회 다시 없습니다", "너에게만 특별히 알려줄게. 이번에 ○○회사 주식을 사봐, 대박이야!", "내가 아는 사람이 어렵게 정보를 줬는데~" 등의 말을 들어본 적이 있는가? 자신이 노력하지 않고 가만있는데 누군가 와서 나에게 좋은 정보가 있다며 이야기를 들려준다면 그 정보는 99퍼센트 틀린 정보이거나 불확실한 정보일 가능성이 높다. 자신이 발품을 직접 팔아서 노력하고 여기저기 알게 모르게 수소문을 해서 들었던 정보라면 모를까 가만히 앉아서 얻은 손쉬운 정보를 믿고 그 정보에 의존하면 실패할 확률도 지배적으로 높다.

갑자기 누군가가 좋은 정보를 준다면 한 번쯤은 의심해보고 정확하게 사실 유무를 파악해야 한다. 아무것도 하지 않고 있던 내 귀까지 이 소식이 들려 왔다면 알 만한 사람은 다 안다고 생각해도 될 것이고 그만큼 가치가 없다는 것을 알아야 한다.

4 과거 경험에 대한 맹신

상대방의 행동을 고려하지 않고 무조건 자기 스타일로만 밀고 나간다면 문제가 생길 수 있다. 사람들은 누구나 자라온 환경과 배경이 다르기 때문에 같은 상황이라도 다른 반응을 보이기 마련이다. 따라서 각각의 사람마다 다른 방식으로 대할 수 있어야 한다. 사람마다 색깔이 있다는 것을 명심하자.

너무나 다른 그들,
이렇게 상대하자

처음 만나는 사람에게 신뢰감을 심어주기 위해 그에 대해 철저히 사전 조사를 하면 협상에서 보다 유리한 위치에 설 수 있다. "듣던 대로 정말 호탕하십니다"라는 첫인사로 상대를 부추긴다면 상대는 더욱 호탕하게 보이려고 애쓸 것이다. 협상에서 실패하는 요인 중 하나는 상대가 자신에 대해 잘 알지 못한다고 생각하기 때문이다. 이럴 경우 상대방은 계속해서 자신의 성격과 스타일을 상대방에게 어필하려고 애쓰기 때문에 협상 내용에 신경 쓰지 않게 된다. 자신에 대해서 미리 알고 있다는 것을 알리는 행동만으로도 상대는 자신을 나타내는 데 열을 올리지 않고 예우를 갖춘다. 그렇다면 다양한 유형의 사람들을 어떻게 대해야 협상에 성공할 수 있을지 구체적으로 살펴보자.

보수적인 사람

보수적인 사람들은 체면을 중요시하고, 변화를 추구하기보다는 옛것을 강조하는 경향이 크다. 이러한 사람들을 만나서 협상을 하거나 이야기를 풀어나갈 때에는 항상 예의범절과 격식을 갖추는 것이 필요하다. 옷차림도 너무 튀지 않게 단정한 수트를 입는 것이 좋다. 점잖은 이미지로 과하게 웃지 말고 눈과 입 한 곳만 웃으면서 말할 수 있어야 한다. 말도 많이 하지 말고 상대방의 말에 고개를 끄덕끄덕거리며 계속 경청하는 태도를 보이는 것이 좋다. 말투도 천천히 또박또박 말해야 상대방에게 무한한 신뢰감을 줄 수 있다.

개방적이고 호탕한 사람

개방적인 사람을 만나면 명랑하게 보여야 한다. 개방적인 사람들에게는 질문을 많이 해서 답변과 동시에 말을 많이 하게끔 유도하면 좋은 결과를 얻을 수 있다. 호탕한 부분이 있기에 계속 칭찬을 해주면서 말하는 것 또한 중요하다. 그리고 어떤 면에서는 적극적으로 매달려야 한다. 호탕하다고 해서 결제를 미루거나 요구 사항에 대해서 느슨하게 "해주겠지" 하고 안일하게 행동하다가는 소기의 목적을 달성할 수가 없다. 개방적이고 호탕한 사람일수록 주의가 산만한 경향이 있으므로 내 말에 집중할 수 있도록 유도하는 것이 중요하다.

이야기를 하기 전 휴대전화는 잠시 꺼놓고 자리 배석은 상대방이 바깥을 쳐다보면서 다른 생각을 하지 못하도록 안쪽으로 앉게 하는 것이 바람직하다.

만약 바깥쪽을 쳐다보게 한다면 지나가는 사람을 보거나 풍경을 감상하며 자신의 말에 집중하지 못해 원하는 결과를 이루지 못한다.

지루한 것을 싫어하는 경향이 있기 때문에 말은 빠르게 하고 웃으면서 계속 분위기를 맞춰주며 이야기해야 좋은 결과를 얻을 수 있다.

소심하고 내성적인 사람

소심한 사람을 만나면 차근차근 조용히 말할 수 있어야 하고 도중에 계속 말을 잘 듣고 있는지 확인해가며 이야기해야 한다. 말하는 중간 "이해가 가십니까?", "여기까지는 정리가 되시지요?" 등의 질문을 하자. 소심한 사람들은 궁금한 게 있어도 물어보기 싫어하거나 귀찮아하고, 물어보지도 않은 것에 대해 상대가 미리 알아서 설명해주기를 바란다. 이런 사람들에게 지나치게 협상 결렬에 대한 불안을 조장하면 오히려 역효과가 나기에 불안을 조장하기보다는 협상이 타결되면 얼마나 혜택이 많고 좋은지에 대한 긍정적인 면을 이끌어내어 강조하는 것이 좋다.

성격이 급한 사람

성격이 급한 사람일수록 결론부터 이야기해야 한다. 만약 성격이 급한 사람이 "그래서 가격이 얼마입니까"라고 물어보았는데 가격을 이야기하지 않거나 미루면서 "가격 먼저 알기 전에 이것부터 이야기해야 할 것 같습니다"라고 답변하다 보면 오히려 역효과가 날 수 있다. 그렇기 때문에 바로 "가격이 ○○○원입니다. 왜 이러한 가격이 나왔는지 설명해드리겠습니다"라고 말하는 게 현명하다. 우선 가격을 말하고 나중에 그 이유를 설명하라는 얘기다. 이유를 말할 때에는 근거 자료를 제시하면서 상대에게 유연하게 대처해 나가는 자세가 필요하다. 성격이 급한 사람일수록 설명을 많이 하는 것을 싫어하고 결론만 간단히 이야기해주어야 한다는 사실을 명심하자.

신경질적인 사람

"에이, 가격이 왜 이리 비싸", "디자인도 별론데……", "아 참 시간 없으니까 빨리 진행합시다" 등 어떤 상황에서 결과에 대한 불만이라기보다는 이유 없이 투덜거리고 그것이 습관처럼 굳어져서 상대가 어떻게 생각하는지 상관없이 신경질을 내는 사람들이 있다. 이런 성향의 사람을 협상 테이블에서 만나면 당황하기 쉽다. 이런 사람일수록 상대에게 계속 관심을 갖는 것이 좋다. 그리고 말을 많이 하게끔 유도해야 한다.

신경질적인 사람일수록 자신을 방어하려는 방어 본능이 크다. 이들에게 애정을 갖고 계속해서 말을 시키다 보면 상대는 점점 자신을 오픈하게 되고 자기 방어 본능이 느슨해진다. 그렇게 되면 상대는 호의적으로 변하게 되고 결국 나의 생각과 행동을 상대에게 주입시켜 내가 원하는 결과를 이끌어낼 수 있게 된다.

우유부단한 사람

우유부단한 사람들은 결정을 제대로 내리지 못한다. 이 사회는 선택의 사회다. 잘못된 선택은 다시는 돌이킬 수 없는 결과로 나타날 수 있으므로 결정을 할 때에는 신중해야 한다. 하지만 결정을 빨리 내려야 하는 것 또한 협상을 하는 데 중요한 요소다. 우유부단한 사람일수록 자신이 결과를 책임져야 하는 상황에 대한 불안감이 강하다. 이런 상대에게 책임감에서 쉽게 벗어날 수 있다는 사실만 인지시키면 내가 이끄는 대로 협상을 진행할 수 있다. 우유부단한 사람들은 누군가가 결정을 대신 내려줬으면 하는 심리를 가지고 있기 때문이다. 그러므로 협상가는 상대방의 결정을 대신해서 내려줄 수 있는 거시적 안목이 필요하다.

예를 들어 "A로 할까요, 아니면 B로 할까요? 빨리 최종 결정을 내려주십시오"라고 이야기하면 우유부단한 사람들은 A를 선택하면 B가 눈앞에 아른거리고, B를 선택하면 A의 장점이 더 크게 보여 결정을 내리지 못한다. 따라서 "저는 A로 하는 것을 강력하게 추천합니다", "A로 하십시오", "사장님 A로 할지 B로 할지 결정을 내려주시고 아무런 말이 없으면 A로 하시는 것으로 알겠습니다"라고 나의 의견을 확실하게 제시해 상대의 결정을 유도하라.

끝까지 포기하지 말고 우유부단한 사람을 상대할 수 있어야 한다. 우유부단한 사람을 만날 것을 대비해 대신해서 최종 결정을 내려줄 수 있는 선구안을 가지고 있을 때 진정한 협상가가 된다는 사실을 잊지 말자.

수다스러운 사람

수다스러운 사람을 만나면 어느 장단에 춤을 춰야 할지 어떤 식으로 말을 해야 할지 모르게 되는 경우가 많다. 이럴 때는 그냥 끝까지 말을 들어보면 된다. 가장 설득하기 어려운 사람들이 수다스러운 사람이다. 이런 성향을 가진 사람들은 행동과 생각보다는 말이 먼저 나오는 경우가 많으므로 어떤 말도 쉽게 믿거나 생각하지 말고 끝까지 경청하는 것이 중요하다.

금방 말이 바뀌고, 이랬다 저랬다 갈피를 못 잡을 정도로 수다스러운 사람을 만난다면 말을 끊으려 애쓰지 말고 끝까지 들어보자. 그러면 상대방 자신이 알아서 결론을 내리는 경우가 많다. 그 순간을 위해 끝까지 이야기를 들어보고 원하는 결론을 내리게끔 유도를 하는 것이 중요하다.

성격 유형별 태도 대처 방법

• 보수적인 사람 : 점잖은 이미지, 격식 갖추기
• 호탕한 사람 : 편한 복장, 적극적으로 칭찬하기
• 소심한 사람 : 불안감을 조성하지 않고 긍정적으로 끌고가기
• 성격이 급한 사람 : 질문에 답을 먼저 해주고 근거 자료로 설명하기
• 신경질적인 사람 : 말을 계속 시키고 관심을 가지고 질문 유도
• 우유부단한 사람 : 인내심을 가지고 기다려주고 대신해서 결정
• 수다스러운 사람 : 끝까지 경청한 뒤 적절한 타이밍에 결정 유도

연관이 없는 단어 두 개를 가지고 이야기를 연결해서 상대에게 이익을 줄 수 있는 메시지까지 전달하는 훈련을 하면 말을 정말 잘하게 된다. 연단 앞에 서서 대중에게 말한다고 가정을 하되, 오래 생각을 하면 안 되고 단어가 주어졌을 때 3초 안에 바로 이야기해야 도움이 된다.

단어 두 개 훈련 과정을 마스터하면 단어 3개, 4개, 5개까지 늘려서 연습해보자.

컴퓨터 & 비옷

예) 얼마 전 등산을 갔는데 갑자기 비가 오기 시작하였습니다. 어쩔 줄 몰라 하던 차에 산 입구에서 '비옷'을 파는 아주머니에게 오천 원을 주고 비옷을 샀습니다. 비싸다고 생각했지만 어쩔 수 없었습니다. 나중에 비가 그치고 집에 와서 '컴퓨터'를 켜고 인터넷으로 비옷이 얼마나 하는지 검색해보았습니다. 그런데 천 원도 채 하지 않는다는 사실을 알고 정말 화가 많이 났습니다. 기상예보만 보았더라도 그렇게 바가지를 쓰지는 않았을 텐데 말이지요.

여기서 제가 말씀드리고 싶은 점은 미리 준비하지 않으면 경제적으로 많은 손해를 보게 된다는 것입니다. 손해 보는 일이 없도록 매사에 준비를 철저히 하는 여러분이 되셨으면 좋겠습니다.

축구 & 자장면 & 커튼

예) '축구'를 하면서 전반전이 끝나고 너무 배가 고파 '자장면'을 시켜 먹은 적이 있습니다. 그런데 자장면을 먹다가 자장이 유니폼에 튀어 급한 마음에 휴지 대신 손으로 닦았지만 잘 지워지지 않았습니다. 계속 유니폼에 묻은 자장이 신경 쓰였고, 플레이가 자연스럽지 못했습니다.

자장 묻은 유니폼에 신경 쓰다가 제 실수로 그만 경기에서 어이없게 지고 말았습니다. 팀 동료의 얼굴은 '커튼'이 드리운 것처럼 어두웠고, 저 또한 미안한 마음에 동료들의 얼굴을 제대로 쳐다볼 수 없었습니다.

　여기서 제가 말씀드리고 싶은 점은 항상 큰일을 할 때 너무 작은 것에 소소하게 신경을 쓰다 보면 아무것도 이루지 못한다는 것입니다. 여러분도 이 점 꼭 유념하셔서 별일도 아닌 사소한 것으로 큰일을 그르치는 일이 없었으면 합니다.

　자, 이제 여러분도 아래와 같은 단어로 연습을 해보자.

비누 & 요가
태극기 & 신발 & 행운
성격 & 전등 & 아프리카 & 커피
돌고래 & 자동차 & 공기 & 우유 & 책장

Part **3**

사무실에서 통하는

대화법은 따로 있다

부장님, 오늘 정말 피곤해 보이세요. 어제 늦은 시간까지 야근하셔서 그런가 봐요.

그러게, 요즘 며칠 야근을 했더니 얼굴이 말이 아니지?

네, 정말 얼굴이 정종철보다 못생겨진 것 같아요. 이러다가 거지가 친구 하자고 하겠어요. 어서 들어가서 쉬세요.

(뭐! 내가 정종철보다 못생겼다고? 거지가 친구 하게 생겼어? 저 친구 저걸 농담이라고 하는 건지…….)

친구들과 이야기하는 것과 비즈니스 관계로 만난 사람들과 이야기하는 것은 절대적으로 다르다. 사소한 농담이라도 모든 것이 비즈니스와 연결되기 때문이다. 절대로 생각 없이 말하지 마라.

당신은 보디랭귀지의
위력을 아는가?

달변가는 그다지 신용할 수 없다는 말을 들어 본 적이 있는가? 말을 잘하는데 왜 믿음이 가지 않을까? 그것은 바로 말하는 태도에 답이 있기 때문이다. 2002년 한일 월드컵에서 우리나라 축구를 4강까지 끌어 올려놓은 히딩크 감독의 저력을 다 알고 있을 것이다. 그런데 히딩크 감독의 성공 원동력이 바로 보디랭귀지의 힘에 있다면 믿을 수 있겠는가?

히딩크 감독의 어퍼컷이 4강의 원동력이었다고 한다. 히딩크 감독은 액션을 크게 취하기로 유명한 감독이다. 그는 보디랭귀지를 생활화하면서 선수들에게 동기부여를 했다고 한다.

예를 들어 50 정도의 칭찬을 받을 선수에게 100 정도 오버해서 잘했다는 제스처를 취하면 선수들은 더욱 신이 나서 정말 100 정도의 기량을 발휘하기 위해 노력했고, 그 결과물이 고스란히 경기 중에 나타났다. 히딩크 감독은 이미 칭찬의 기술과 보디랭귀지의 위력을 알고 있었던 것이다. 이렇듯 직장 생활에서도 직장 동료나 부하 직원에게 액션을 크게 취하면서 칭찬하면, 즉 보디랭귀지의 달인이 된다면 직장에서 히딩크의 신화를 이어나갈 수 있을 것이다.

현재 자신은 보디랭귀지를 생활화하고 있는지 그 수준을 점검해 보자.

지금부터 말을 하지 말고 얼굴 표정과 보디랭귀지로만 다음 문장을 주위 사람들에게 표현해보라.

"부장님 멋있습니다."
"과장님을 믿습니다."
"이사님 고맙습니다."
"친해지고 싶습니다."
"밥을 같이 먹고 싶어요."

잘 되는가? 잘 되지 않는다면 현재 자신의 보디랭귀지 실력을 향상시켜야 성공할 수 있다.

표현의 다양성이 숨어 있는 보디랭귀지의 힘

보디랭귀지가 몸짓만을 쓰는 언어라고 착각하는 사람들이 많다. 몸짓뿐만 아니라 자신의 이미지, 말할 때 시선, 얼굴 표정, 손동작과 온몸 표현을 모두 포함해서 보디랭귀지라고 한다.

의사 전달에 영향을 미치는 요소로 말의 내용은 7퍼센트, 목소리는 38퍼센트, 보디랭귀지는 55퍼센트의 힘을 발휘한다. 예를 들어 아무 목소리의 감정 상태 없이 말로만 "김 대리, 물 좀 가져다주세요"라고 말하면 상대방의 긍정적인 반응을 이끌어내기 힘들다. 어떻게 해야 김 대리가 바로 물을 가져다주게끔 의사소통을 잘 할 수 있을까? 다급하게 정말 목이 마른 것처럼 목소리를 내면서 "김 대리, 목이 말라서 그러는데 물 좀 가져다주겠어요?"라고 하면 38퍼센트 정도는 알아듣는다. 효과를 좀 더 높이려면 55퍼센트의 위력이 있는 보디랭귀지를 활용해야 한다. 직접 손을 목에 갖다 대고 목이 타들어간다는 표정을 지으면서 "김 대리, 빨리 물 좀 가져다줘요. 목이 너무 말라서 그래요"라고 말하면 의미 전달을 잘 할 수 있다.

의사 전달에서 55퍼센트나 차지하고 있는데도 불구하고 사람들은 보디랭귀지를 배우려 하지 않고 화술만을 계속해서 연습한다. 이제부터 보디랭귀지의 힘을 느껴보자.

보디랭귀지에 숨어 있는 심리 상태

보디랭귀지를 잘하려면 행동에 숨어 있는 심리 상태를 정확하게 이해하고 있어야 한다. 먼저 보디랭귀지에 숨어 있는 시선의 심리를 알아보자.

사람들은 앞에 나가서 발표를 하거나 이야기를 할 때 심리적으로 오른쪽보다는 왼쪽으로 먼저 시선을 돌리고 왼쪽을 더 많이 쳐다본다. 이것은 심장을 보호하려는 보호 본능 때문에 나타나는 현상이다. 사람의 이러한 시선 심리는 선거에 많이 이용된다. 선거운동을 할 때, 역세권에서 사람들이 출근하는 방향의 왼쪽을 서로 차지하기 위해 운동원들은 아침 일찍부터 치열한 자리싸움을 벌인다. 사람들은 거의 오른쪽보다는 왼쪽으로 시선을 먼저 두고 걸어가기 때문에 먼저 눈에 보이는 왼쪽 자리를 서로 차지하려는 것이다.

자신이 길을 걸을 때 어디를 주로 보는 편인지 곰곰이 생각해보자. 신기하게도 왼쪽을 쳐다보면서 걷는 경우가 대부분일 것이다. 이러한 심리를 알고 앞에 나가서 발표를 할 일이 생기면 의도적으로 오른쪽을 먼저 쳐다보고 시선을 골고루 분산시키는 습관을 들여야 한다.

습관적으로 팔짱을 자주 끼는 사람이 있다. 혼자 있을 때는 상관이 없지만 상대방과 이야기하면서 팔짱을 끼면 건방지다는 느낌을 줄 수 있으며 그 모습을 보고 상대방은 불편해할 수 있다. 팔짱을 끼고 이야기를 하면 손으로 가슴을 막고 있기에 상대의 말을 온전히 못 받아들이겠다는 의미로 해석된다. 실제로 싸우고 언성을 높이는 사람들을 보면 무의식중에 많은 사람들이 팔짱을 낀 것을 볼수 있다. 팔짱을 끼고 있다면 마음의 문을 닫는 것과 같다. 직업이 축구 감독이 아닌 이상 팔짱을 끼면서 말하는 습관은 반드시 고치도록 하자.

자신의 이미지를 좋게 하는 방법

건널목에서 말끔하게 정장을 차려 입은 신사가 007가방을 들고 빨간 불인데도 불구하고 그냥 건널목을 건너보았다. 그런데 뒤에서 있던 사람들이 똑같이 따라 건넜다. 이번에는 복장이 불량하고 껄렁껄렁해 보이는 한 젊은이가 빨간 불에 그냥 건널목을 건넜다. 그런데 사람들은 아무도 따라 건너지 않았다. 이것은 무엇을 말하는 것일까? 겉으로 풍기는 사람의 이미지가 설득력을 배가시킨다는 사실이다. 사람을 설득할 때 이미지는 그만큼 무시할 수 없는 조건이다. 나의 이미지가 좋지 못하다면 오늘부터 이미지를 바꾸어보자.

1 김태희의 미소를 지어라

이미지를 좋게 하기 위해서는 밝은 미소를 지을 수 있어야 한다. 나의 미소를 보고 상대방이 밝아져야 진정 밝은 미소라 할 수 있다. 우리나라 연예인 중 김태희 하면 예쁘다는 감탄사가 절로 나온다. 김태희의 사진을 찍는 작가들은 다들 한결같이 이렇게 말한다. 다른 연예인들은 수백 장을 찍어야 한 컷 정도 마음에 드는 사진이 나올까 말까 하는데 김태희는 10여 장만 찍어도 마음에 드는 온화한 미소가 나온다고. 김태희 본인은 그 비결을 하루에 10시간씩 웃는 연습을 계속하는 데 있다고 밝혔다. 그렇게 예쁜 김태희가 하루에 10시간씩 미소연습을 한다고 하는데 평범한 사람들은 하루에 웃는 연습을 몇 시간 동안 해야 할까? 지금부터라도 웃는 얼굴을 연습해보자.

2 항상 밝게 인사하라

언제나 웃으면서 인사하는 사람과 퉁명스럽게 인사하는 사람에 대해 상대방이 느끼는 이미지는 분명 차이가 있다. 인맥 사회에 사는 요즘, 인사 하나만 즐겁게 해도 내 직장 생활이 즐겁게 바뀔 것이다.

3 긍정적인 대화를 하라

내가 굳이 나쁜 소식을 전하지 않더라도 인터넷과 지인을 통해 그러한 사실은 자연스럽게 알게 될 것이다. 나쁜 소식은 내 입으로 전달하지 않는다는 철칙을 가지고 오늘 이 시간부터는 밝은 소식만을 전할 것을 약속해보자.

4 모델 뺨치는 걸음걸이를 하라

이미지를 좋게 하기 위해 보폭은 최대한 어깨 넓이로 하고 미소를 지으면서 빠르게 걸어보자. 그리고 항상 칭찬을 입에 달고 다니면서 주위 사람들에게 호감이 가게 만들자.

실전에서 써먹을 수 있는 손동작

여러 사람 앞에 나와서 연설을 할 때에는 무미건조하게 아무런 움직임 없이 이야기하는 것보다 내용과 함께 적절히 손동작을 사용하는 것이 좋다. 그래야 상대방에게 자신의 의사를 보다 확실히 전할 수 있다.

양손을 펼쳐 보인다는 것은 '우리 모두', '함께', '같이할 수 있다'는 의미를 전달할 때 유용하다. 그리고 감사한 마음을 전하거나 의지를 표명할 때는 양손을 가슴 아래로 모으면서 고맙다는 말을 해보아라. 때로는 상대방의 손을 잡고 자신의 가슴 아래로 모으면서 이야기하는 것도 좋다. 상대방은 고맙다는 느낌을 '10배' 더 전해 받을 수 있다.

결심이나 동참을 유도할 때 그냥 한번 "우리 해봅시다"라고 이야기하는 것보다 양손을 높이 들고 "우리 한번 해봅시다", "할 수 있습니다"라고 외치는 편이 훨씬 더 설득력을 높이는 방법이다.

다시 한 번 도전하거나 결심을 한다는 것을 강조하려면 오른손을 눈높이까지 올려서 할 수 있다고, 도전해보겠다고 자신감을 피력하는 것이 좋다.

연단에서 주의해야 하는 손동작은 어떤 것이 있을까? 발표를 할 때 뒷짐을 지거나 청중을 향해 삿대질을 하면 안 된다. 청중을 불러낼 때나 지목할 때 항상 손바닥이 하늘을 향하게 손을 뒤집은 상태에서 정중히 "세 번째 줄에 앉아계신 분 한번 나와 보십시오"라고 이야기해야 한다. 여기서 가장 중요한 것은 연단 위에 올라가서 발표를 하거나 말을 할 때는 손이나 코, 귀 또는 옷자락을 만지지 않아야 한다는 것이다.

사람은 의식적으로 앞에 나가면 자신의 신체를 만지려는 습성이 있다. 자신의 부족한 부분을 감추고 싶은 심리가 묻어 나오는 것이다. 연단에 나갔을 때 손이 코로 가서 코를 계속 만지는 사람은 청중이 생각하기에 '코에 자신이 없구나' 라는 인상을 주며 머리를 계속 만지작거리는 사람들은 '아! 저 사람은 오늘 머리 스타일이 마음에 들지 않는구나!' 라는 인상을 준다.

따라서 앞에 나와서 이야기를 할 때는 무의식중에 얼굴에 손을 갖다 대거나 옷자락에 손이 가지 않도록 주의해야 한다.

연단에 섰을 때도 뒷짐을 지거나 연단에 손을 올리지 않은 상태에서 구부정하게 서서 발표하는 사람들이 있는데, 그러한 모습은 청중을 발표자의 내용에 집중시키기보다 발표자의 어정쩡한 모습에 계속 신경을 쓰게 만든다.

연단 위에 서서 발표를 할 때에는 언제나 연단 옆에서 인사를 정중히 한 후에 연단으로 옮겨가야 한다. 다리를 어깨 넓이만큼 벌리고 손은 연단의 양옆을 편안하게 잡는다. 오른쪽, 중앙, 왼쪽으로 번갈아가면서 시선 처리를 하고 연단과 자신과의 거리는 주먹 두 개가 들어갈 정도가 좋다. 마이크는 자신의 턱선과 일치하게 하고 입에 너무 붙이거나 입술을 가리지 않게끔 높이를 조절하고, 그 후에는 마이크를 다시 잡지 않는다.

계속 마이크를 잡으면서 발표를 하려는 사람이 있는데 이는 은연중에 무엇인가에 의지하고자 하는 심리이다. 굳이 연단에 고정되어 있는 마이크를 잡을 필요는 없다. 앞에 나가서 발표를 하면 누구나 긴장하기 때문에 손에 땀이 날 수 있다. 마이크를 손으로 잡으면서 연설을 하면 땀 때문에 감전당할 수 있기에 조심해야 한다.

가장 연설을 잘하는 사람은 청중이 마이크가 있었다는 사실조차 전혀 인식하지 못할 정도로 그 사람의 얼굴 표정, 눈빛, 제스처로 청중의 마음을 사로잡는다.

긍정적인 손동작

❶ 양손을 양옆으로 펼쳐 보인다

❷ 양손을 가슴 아래에서 마주잡는다

❸ 양손을 목 높이에서 마주 잡는다

❹ 오른손을 주먹 쥐고 눈높이까지 올린다

부정적인 손동작

❶ 뒷짐을 진다

❷ 청중을 향해 삿대질을 한다

❸ 손, 귀, 옷자락 등을 만진다

❹ 팔짱을 낀다

당신의 태도가 상대방의 마음을 움직인다

상대의 마음을 사로잡는 경청의 보디랭귀지는 어떤 것이 있을까? 먼저 상대방이 이야기할 때 시선을 마주치고 계속해서 고개를 끄덕여준다면 상대방은 "난 당신의 말을 잘 듣고 있어요"라고 느끼게 된다. 앞 장에서도 언급했듯이 동시에 "그렇죠", "와, 맞죠", "아! 그래요", "정말요", "어떻게 되었는데요?"라고 맞장구를 쳐주면 상대는 기분이 좋아진다.

이 세상에 사람의 눈을 정확하게 보면서 거짓말을 하는 사람들은 없다고 한다. 상대의 눈동자를 똑바로 쳐다보지 못하고 시선을 회피하면서 계속 눈을 깜빡인다든지 눈을 돌린다든지 다른 곳을 응시하면서 말을 하는 것이 거짓말을 하는 사람들의 일반적인 행동이다. 최소한 진실을 이야기하면서 거짓말을 한다는 오해는 받지 않아야 한다.

그렇게 하기 위해 상대와 이야기할 때는 눈부터 마주치는 연습을 해보자. 그렇다고 눈을 뚫어지게 쳐다보라는 것이 아니다. 상대방의 감정 흐름을 읽고 자신의 시선을 상대방의 인중이라든지 입에 초점을 맞추면서 고개를 끄덕이고 진심 어린 적절한 맞장구를 치게 되면 상대방은 자신의 말에 호응을 잘해주고 경청을 잘하고 있구나 하고 생각해 더 친근감을 갖게 되는 것이다.

감정 표현은 현명하게 한다

　　인간관계를 잘해서 누구나 좋아하고 호감 가는 사람이 된다면 얼마나 행복할까? 나와 이야기할 때 어떻게 하면 상대방에게 좀 더 호감을 줄 수 있는지, 효율적인 일처리를 위해서 어떤 말을 해야 하는지 그 방법을 알고 실천한댜면 좀 더 직장 생활을 즐기면서 할 수 있을 것이다. 직장에서 상사들은 어떻게 말하고 어떤 말을 하는 후배를 원하는지, 후배들은 어떻게 말하는 상사들을 원하는지 안다면 보다 현명하게 행동할 수 있다. 직장 내에서 사람들과의 관계를 해치지 않으면서 호감을 불러일으키려면 과연 어떻게 말해야 하는지 살펴보자.

당신은 언제 감정 폭발 버튼을 누르고야 마는가?

끝까지 감정 표현을 하지 않고 마음속으로 화를 삭이는 사람이 있고, 참고 참다가 도저히 억누르지 못해서 끝내 한마디 하는 사람도 있다. 반면 조금이라도 마음에 들지 않으면 화부터 내고 그 기분을 모조리 다 표현하는 사람도 있다. 당신은 어떤 쪽인가? 사실, 어떤 쪽도 정답이라고 말할 수 없다. 하지만 인간관계를 잘하려면 상황에 따라 표현하는 방식을 달리해야 한다.

일단 화부터 내고 고함을 지르는 사람들은 십중팔구 몇 분의 시간이 채 흐르기도 전에 내가 좀 과했던 것이 아닌가 하고 속으로 자책을 많이 한다. 습관적으로 화를 자주 내는 것도 문제지만 흥분한 상태에서 상대에게 말을 하면 듣는 당사자는 상대의 말을 이성적으로 받아들이지 않으며 똑같이 흥분해서 감정적으로 변한다는 사실을 알아야 한다.

감정 조절은 어떤 상태에 따라 일어나는 마음의 현상을 의식적으로 조절할 수 있는 능력을 말한다. 직장 생활을 하다 보면 화가 치밀어 오를 때가 있기 마련이다. 아랫사람의 경우 직장 동료와 의사소통이 안 된다고 느꼈을 때, 오해를 받았을 때, 근거 없는 비난이나 험담을 들었을 때, 과도한 업무를 시킬 때, 일한 만큼 대우를 해주지 않을 때, 자신의 말만 계속해서 되풀이하는 상사와 이야기할 때 끓어오르는 화를 주체하지 못하는 자신을 발견하게 된다. 반면에 윗사람은 부하 직원이 지시한 일을 제대로 하지 않았을 때, 똑같은 실수를 반복하고 있는 부하 직원을 볼 때, 눈치 없이 행동하는 부하 직원이 답답할 때, 직장 생활 내 비전이 없어졌을 때 회의가 든다.

입장이 다른 사람들이 서로의 이익을 위해 모인 직장이라는 공동체는 어쩔 수 없이 갈등이 생기고, 화낼 만한 상황이 곳곳에 산적해 있다. 하지만 이런 상황에서 자신의 감정을 다 표출시키고 있는 말, 없는 말을 여과 없이 해버린다면 직장 생활에서 왕따를 당하든지 사표를 내든지 둘 중 하나는 선택해야 할 것이다. 그렇다고 속으로만 삭이면 제명에 못산다. 따라서 자신의 감정을 표현하되, 현명하게 하는 방법이 필요하다.

나쁜 감정은 오래 남는다

세월이 지나 시간이 흐르면 상대가 어떤 말을 했는지는 대부분 잊어버린다. 하지만 상대방과의 감정은 오래간다. 상대가 어떤 말로 나에게 기분을 나쁘게 했는지는 기억이 가물하지만 그 기분 상태는 오랫동안 지속된다는 말이다. 이 말의 깊은 뜻을 마음속 깊이 새겨보아야 할 것이다.

직장 상사로부터 꾸지람을 들으면 부하 직원은 잘못된 행동을 고칠 수 있다. 하지만 그 과정에서 서로에게 해서는 안 되는 불쾌한 말들이 오고 갔다면 일에 관한 문제는 해결되었다고 하더라도 마음속 깊이 남아 있는 감정 문제 때문에 또 다른 문제가 생길 수 있다.

TV 광고 속에서 그날의 피로는 그날에 풀자고 했듯이, 그날의 감정은 그날에 풀어야 한다. 서로의 감정을 치유하지 않으면 계속해서 서로 안 보이는 곳에서 상대를 험담하거나 비방하게 된다. 대화를 하지 않은 채 서로에게 실망만 쌓이게 되고 골이 깊어질 대로 깊어지면 나중에는 더더욱 관계 회복이 어려워질 수도 있다.

직장 생활을 하다 보면, 바른 방향으로 일을 처리하자는 같은 목적을 가졌음에도 불구하고 자칫 잘못해서 감정을 상하게 하는 말로 서로의 관계를 악화시키는 경우가 빈번하다.

"어이 김 대리! 일 똑바로 좀 못해? 키는 멀대 같이 커서 일하는 게 그게 뭐야. 하여튼 믿음이 안 가."

여기서 "키만 멀대 같이 커서……"라는 말은 잘못된 일 처리와는 전혀 상관없는 상대의 신상과 관련된 예민한 부분이고 비꼬는 말이다. 잘못에 대한 지적을 할 때는 평소 농담으로 웃어넘기던 말도 섞이지 않도록 주의를 기울여야 한다.

그럼 반대 입장인 김 대리는 이러한 말들을 듣고 어떻게 처신해야 할까? 이럴 때는 앞으로의 원만한 직장 생활을 위해서라도 상사에게 꼭 대꾸를 해야 한다. 그냥 넘어가면 계속해서 자신이 듣기 싫어하는 이야기를 시도 때도 없이 들어야 하는 경우가 생기기 마련이다.

"제가 잘못한 부분에 대해서만 이야기해주십시오. 그러한 부분은 시정해서 고치도록 노력하겠습니다. 그리고 지금 하신 그 말을 듣고 제 감정 상태가 좋지 못합니다. 다음부터 그런 말은 삼가주셨으면 좋겠습니다."

말하기 어려울 것 같더라도 눈 딱 감고 정색을 하고 한번 말해보라. 분명 효과가 있을 것이다. 전혀 논리에도 맞지 않고 상대의 감정만 상하게 하는 화법을 오늘도 구사하고 있는 직장 상사가 있다면 슬그머니 이 책을 직장 상사에게 건네어보라. 이 부분을 읽을 때쯤이면 그의 얼굴은 홍당무가 되어 있지 않을까?

감정적으로 말하지 않고 상대의 잘못을 지적하는 방법

❶ 먼저 왜 제대로 일을 처리하지 못했는지 이유를 들어보고(경청 및 변명 기회 주기)

❷ 앞으로 어떻게 해결할 것인지 묻는다(스스로 대안제시 기회 주기).

이 2단계만 기억해도 상대로부터 비난, 수치심 등의 악감정을 불러일으키지 않고 업무를 효율적으로 처리할 수 있다.

감정은 행동을 이끌어낸다

어떠한 상황에 처해 있더라도 희망이 보이는 쪽으로 생각하고 긍정적으로 행동하면 그렇지 않을 때보다 결과는 좋아진다. 그리고 상황에 따라 감정을 조절하는 방법을 익힌다면 보다 좋은 결과를 이끌어낼 수 있을 것이다.

감정은 3단계로 나타난다. 1단계는 자극에 반응하는 본능적인 정신 상태다. 분노와 불안 그리고 사랑과 같은 감정이 그러하다. 이러한 반응을 보이면 바로 감정의 2단계인 신체적 변화가 일어나게 된다. 심장이 빠르게 뛴다거나, 혈압이 갑자기 상승하거나, 얼굴이 붉어지는 것 등이 바로 얼굴 표정으로 연결된다. 마지막으로 3단계는 달아나거나 표현하거나 둘 중 하나의 행동을 선택하는 생각의 충돌이다.

회의 중 직장 상사에게 꾸중을 듣는 신입 사원이 있다. 자신은 잘못을 하지 않았지만 상사에게 말대꾸한다는 오해를 사는 것과 변명하는 것이 싫어 그냥 참고 듣고 있다. 시간이 지나자 서서히 기분이 나빠지는 것을 느꼈다. 혈압이 상승하고 호흡이 가빠오며 얼굴 표정도 굳어지기 시작했다. 이 상태에서 공격할까 참을까 생각의 충돌이 일어나게 되어 있다. 이때 어떻게 감정을 조절하고 행동의 충돌에서 벗어날 수 있는지 알아보자.

1 회의석상에서 대화를 끝내고 싶을 때

회의를 하면서 상대방이 했던 이야기를 또 하거나 말을 지루하게 한다면 빨리 그 자리에서 빠져나오고 싶을 것이다. 그럴 때 "시간 없으니까 오늘은 여기서 그만하지요", "결론도 안 나오고 그만합시다", "됐지요, 이제"라고 서둘러 회의를 끝내본 적이 있는가? 이러면 회의에 참석한 사람들은 자신의 의견을 제시하지 못했으므로 "무슨 회의를 자기 말만 하고 끝내" 하면서 부정적인 반응을 보이기 쉽다. 따라서 회의를 끝마칠 때에는 일단 다른 사람들의 의견을 물어야 한다. 그렇게 하지 않으면 나중에 뒷말이 나올 수 있다.

> 회의를 중간에 끝내고자 할 때에는 "더 하고 싶은 이야기 없나요?"라고 물어 끝까지 다른 사람의 의견을 묻는 것처럼 한 다음 끝내는 것이 현명하다.

2 회의석상에서 서로 의견이 상반될 때

회의 중 서로 의견이 상반될 때는 어떻게 해야 하는가? 이런 대화에도 몇 가지 간단한 규칙이 있다. 상대방의 의견에 반대하거나 대안이 되는 내용을 이야기할 때라면, 그의 의견에 동의하지는 않지만 그 의견도 충분히 존중하고 있다는 것을 전달해야 한다.

따라서 상대방의 옳고 그름을 지적하고 평가하는 입장이 아니라 자신의 견해를 말한다는 태도로 이야기하는 것이다. 자신의 의견과 맞지 않는 내용을 말한다고 해서 서두에 "저는 김 과장님의 의견과 좀 다릅니다"라는 말로 시작하면 상대방은 기분이 상해 방어적인 자세로 당신의 말을 듣게 된다. 그렇게 되면 경우에 따라 회의 자체가 이루어지지 않을 수도 있다.

회의 도중 상대방과 당신 모두 이성적인 대화를 유지할 수 없을 정도로 화가 났을 때는 더욱 말을 조심해야 한다. 우선 자기를 컨트롤하고, 어떤 경우든 "이 대리, 금방 비유한 말은 우리 회사 입장과는 맞지 않네. 조사를 해오려면 똑바로 해와!", "어이, 김 대리! 말도 안 되는 소리 하지 마! 생각 좀 하고 말을 하게! 도대체 정신이 있는 거야, 없는 거야!" 등 상대방의 말꼬리를 잡거나 상대를 격하하는 표현은 하지 말아야 한다. 아무리 화가 나더라도 상대에게 존칭을 쓰는 일을 잊어서는 안 된다.

자신과 상반된 의견을 내놓은 사람에게는 "김 과장님 말씀을 듣고 보니 정말 좋은 생각인 것 같습니다. 저도 그 부분에 대해서는 김 과장님 말에 동의합니다. 또 다른 제 생각은……"이라고 말을 시작하는 것이 좋다.

표정으로 말하라

　상대에게 호감을 불러일으키려 할 때 제일 먼저 챙겨야 할 태도는 얼굴 표정이 살아 있어야 한다는 것이다. 따라서 직장에서 말을 잘하고 싶다는 욕구가 조금이라도 있다면 표정 연습을 많이 하자. 딱딱한 표정으로 무미건조하게 말하는 사람의 이야기를 들으면 금세 지루해지고 싫증을 느끼게 된다. 반대로 누군가의 이야기를 들을 때 무미건조한 표정을 짓고 있으면 상대는 '내가 하는 말이 재미가 없나 보다' 라고 생각을 하지 '원래부터 표정 변화가 없는 사람인가 보다' 라고는 절대 생각하지 않는다.

　그렇기 때문에 표정과 말의 내용을 정확하게 일치시키면서 말하고, 듣는 상대방의 머릿속에 생생하게 영상이 떠오르도록 평소 표정 연습을 많이 해야 한다. 예를 들어 기쁜 표정, 슬픈 표정, 화난 표정, 즐거운 표정 등을 연습해서 상대가 내 얼굴 표정만 보아도 어떤 상황에 처해 있는지 알 수 있도록 하는 것이 좋다.

　'거울을 보며 표정 연습을 하는 방법' 을 소개하겠다. 단어마다 표정변화를 넣어서 연습하는 방법으로, 어떤 표현에도 자신의 표정을 맞추는 연습을 하는 것이다. 예를 들어 열정이라는 단어가 나오면 거울을 보고 열정적인 표정을 지어본다. 어떤 표정이 열정에 가장 근접한 표정인지 거울을 보면서 매번 시도하고 계속 고쳐나간다.

　분노도 마찬가지다. 어떻게 표정을 지어야 상대에게 오해를 사지 않으면서 자신의 감정을 적절히 드러낼 수 있는지 연습하다 보면 말 한마디 하지 않고도 상대를 변화시킬 수 있다.

이렇게 하다 보면 조금씩 표현하는 방법들이 재미있어지고 자신의 이미지를 각인시키는 좋은 표정이 자연스럽게 묻어날 것이다. 표정 연습을 할 키워드는 무궁무진하니 다양한 단어를 떠올려보고 그 단어에 맞는 표정을 꾸준히 연습해보자. 그렇게 하면 당신은 표정 하나로 상대를 변화시키는 동시에 호감을 얻는 능력자가 될 것이다.

> 표정을 연습해보자
>
> 안타깝다, 사랑해, 잠 온다, 지겹다, 기쁘다, 싫증 난다, 보고 싶다, 가고 싶다, 슬프다, 황당하다, 재미 있다, 행복하다, 짜증난다, 하고 싶다, 실망스럽다, 불안하다, 좋다

감정을 컨트롤하는 방법

부정적인 감정을 불러일으키는 상황을 일부러 연출해보고 그런 상황에서도 긍정적으로 생각하는 훈련을 평소에 해보는 것이 좋다. 지금부터 어떤 일이 일어나든지 고마워하겠다는 생각을 가지고 긍정적으로 현실을 받아들이는 사고를 해보자. 그렇게 하다 보면 자

신도 모르게 긍정적으로 변하고, 실제로 부정적인 상황이 일어나더라도 감정을 컨트롤할 수 있게 된다.

평상시 다음과 같은 부정적 상황이 일어난다면 당신은 어떻게 감정 컨트롤을 할 것인가?

❶ 교통사고로 길이 혼잡하다.

❷ 퇴근길에 지갑을 잃어버렸다.

❸ 새 옷을 동생이 몰래 입고 나가서 찢어왔다.

❹ 실수 때문에 부장님께 혼이 났다.

❺ 누가 내 험담을 계속 악의적으로 한다.

가만히 생각해보면 상당히 화가 나는 상황들이다. 참으면 더더욱 화병으로 번질 수 있을 것 같은 이런 상황에서도 감사하는 마음을 가지려 노력해보자.

먼저 ❶번을 보자. 약속 시간에 늦으면 안 되는데 교통사고 때문에 길이 막혀서 짜증나는 상황이다. 이 때 감정을 긍정적으로 만들어 고맙다고 생각해보자. 고맙다는 생각 자체가 작위적이라고 느껴질 수도 있다. 하지만 억지로라도 고마움을 찾아보는 게 좋다.

예를 들어, '내가 교통사고가 안 났으니까', '차 속에서 기분 좋은 음악을 마음껏 들을 수 있는 시간이 주어져', '오늘 회의에서 어떤 말을 해야 할지 생각할 시간이 주어져서' 고맙다.

❷번의 경우도 생각해보자. 지갑을 잃어 버렸다. '새로운 지갑을

살 수 있으니까', '강도를 당하지 않고 지갑만 잃어 버렸기 때문에', '지갑에 돈이 많이 들어 있지 않아서', '돈이 급하게 필요한 사람이 요긴하게 썼을 거라서' 등 고마운 마음을 찾아본다. ❸~❺번의 경우도 마찬가지이다.

이처럼 무엇이든 억지로라도 고마움과 감사함을 찾는다면 점점 생각이 긍정적으로 변하게 된다. 평상시에 부정적인 감정을 불러일으키는 상황을 그려보고 무엇이든 고맙다는 훈련을 하면 실제로 그러한 일이 일어났을 때 긍정적으로 생각하게 된다. 오늘 이 시간부터 무엇이든 고맙다는 생각을 갖고 하루하루를 감사하며 살아보자. 필자 또한 실제 이런 연습에 단련이 되어 웬만한 일에는 화가 잘 나지 않는다.

매번 부정적으로 말하는 사람들이 있다. 습관처럼 굳어져서 고치기가 매우 어렵겠지만 생각을 바꾸고, 보는 관점을 조금만 달리하면 고칠 수 있다. 부정적으로 말을 하면 단기적으로는 눈에 띄지 않지만 장기적으로 보았을 때는 심각한 문제가 나타난다. 불평, 불만을 자주 늘어놓고 부정적으로 말하는 사람 곁에는 아무도 있으려 하지 않을 것이다. 사람들이 자기를 싫어하니까 결국 자신도 사람들을 피하게 되고, TV나 컴퓨터처럼 활동적이지 않은 환경에 파묻혀 혼자만의 세계에 갇힌 채 그 시간을 즐기려 한다. 이러한 현상이 장기화되면 의기소침해지고 자기비하를 하게 되고 사람이 귀찮아진다. 불평, 불만은 결국 한 인간을 사회적으로 고립시키고, 삶의 가치를 잃어버리게 한다.

부정적으로 말하는 것을 버리고 긍정적인 관점으로 이야기하는 훈련을 하는 이유가 바로 이 때문이다. 매사에 부정이 가득한 얼굴을 하고 다니면서 좋은 것, 아름다운 것, 감사한 것을 절대 볼 수 없다. 평생 해결하지도 못할 불만만 가슴속에 가득 쌓은 채로는 삶을 변화시킬 수 없다.

감정에 관한 몇 가지 잘못된 상식

1 감정을 드러내면 손해 본다?

어떤 상황이 벌어졌을 때 싫으면 싫다고 말하고 좋으면 좋다고 말해야 스트레스가 쌓이지 않는다. 그런데 직장 생활을 하다 보면 그럴 때마다 감정을 드러낼 수 없다. 조직 내에는 꼭 얄밉게 말하는 사람들이 있다. 대꾸를 하자니 나중 일이 걱정되고, 가만히 있자니 속이 끓는다.

특히 여성은 더더욱 그러하다. 성과 중심의 사고에 익숙한 남성들에 비해, 여성은 관계 중심의 사고를 선호한다. 화를 내고 난이후에 벌어질 일들과 그 사람과의 관계가 틀어질 것이 두려워 직장 생활에서 웬만한 일은 참아버린다. 직장에서는 이유야 어찌되었건 사사건건 자기의 목소리를 높이는 사람보다는 전체 분위기에 순응하는 사람을 선호하는 경향이 있다. 하지만 가능한 한 얼굴을 붉히는 것은 피하되 자신의 감정은 적절하게 표현하는 것이 오히려 좋다.

갈등을 푸는 방법으로 가장 좋은 것은 역시 대화다. 대화에서는 이기고 지는 게 중요하지 않다. 서로 간에 가졌던 생각의 간격을 좁히고 상대방의 입장을 이해해 더 나은 관계를 만들고 발전적인 답을 찾는 것이 중요하다. 각 개인이 가진 개성과 특성을 존중하고, 상대방의 말 속에 숨겨진 의미가 무엇인지 찾으려고 한다면 저절로 관계는 좋아질 것이다.

누군가 나에게 감정이 섞인 불쾌한 말을 한다면 내 감정을 표현해야 한다. 단 적절한 방법으로 말이다. 감정에 좌우되지 말고 신중하게 자신의 존재를 인식시키고 자신의 입장을 전달해야 한다.

이때 주의할 것 한 가지. 비즈니스 세계에서의 행동은 감정에 의해서가 아니라, 사실에 근거해 이루어져야 한다. 감정에 좌우되지 말고 분명하게 자기의 견해를 밝히는 것이다. 나를 화나게 하는 것이 정확하게 무엇인지, 내가 입은 상처는 어떤 것인지, 결국 그것은 누구의 책임이 되어야 하는지 돌아보는 과정이 선행되어야 한다.

내가 표현하지 않으면 상대는 나의 감정을 모른다. 왜 그런 말도 있지 않은가. 사랑은 표현하는 거라고. 상대가 자신이 듣기 싫은 말을 할 때 아무렇지도 않은 듯 그냥 웃어넘기면 상대는 재미 삼아 계속해서 싫어하는 말과 행동을 하게 될 것이다. 그렇게 되면 나의 정신 상태만 예민해질 뿐이다. 꼭 기억하라. 상대는 표현해야 안다.

그것이 진정으로 손해를 보지 않는 최선의 방법이다.

2 성숙한 사람은 감정 변화가 없다?

사람들은 사회적으로 성공하거나 널리 알려진 공인들은 자신의 감정을 자유자재로 제어할 수 있다고 믿는다. 성공과 자기계발에 대한 글을 쓰는 작가들에게 묻고 싶다. 책에는 '분노하면 안 된다', '감정 표출을 자제하라', '칭찬하라' 등 좋은 말들은 무수히 적어놓았지만 매일같이 그 계획과 행동을 실천하며 생활하고 있는지.

화가 나면 감정을 조절하라고 말한 작가 자신도 감정을 조절하지 못하고 화를 낸 적이 있을 것이다. 그만큼 감정을 참고 조절하는 것은 힘든 일이다.

누구나 이론상으로 알고는 있지만 자신도 모르게 억눌린 감정이 표출되어 조절하지 못한 경험이 있을 것이다. 그렇기 때문에 스스로 반성하고 한 번 더 생각하고 말해야 한다. 분명한 것은 그렇게 되기 위해 노력하는 사람과 노력조차 하지 않는 사람은 훗날 결과적으로 큰 차이가 있다는 사실이다. 인격적으로 성숙한 사람이라고 해서 감정이 없는 것이 아니다. 단지 자신의 감정 상태를 인지하고 그것을 상대가 오해하지 않도록 정확하게 표출하는 방법을 아는 것뿐이다.

3 화는 다른 사람 때문에 생긴다?

지금 당장 손을 들고 박수를 한 번 쳐보라.

자, 이제 질문을 하나 던지겠다. 지금 누가 박수를 치라고 했는가? 아마 대부분의 사람들은 필자라고 대답할 것이다. 그러나 그것은 잘못된 생각이다. 박수를 치라고 한 사람은 필자가 아니라 손뼉을 친 당사자, 바로 당신이다. 물론 박수를 치라고 한 사람이 필자이기는 하지만 그 말을 듣느냐 듣지 않느냐는 전적으로 본인의 의사다. 자신이 그렇게 생각하고 결정하고 행동한 것이다. 따라서 자신의 상황과 환경에 대해 남을 탓할 필요는 없다. 결국 자신이 행동을 결정하는 결정권자이기 때문이다.

상대방이 기분 나쁜 말을 했다고 해서 무작정 화만 낼 것이 아니라 그것을 어떻게 받아들이느냐에 따라 감정 상태가 달라질 수 있다. 자신이 어떤 마음으로 그 상황을 받아들이느냐에 따라 마음 상태가 달라지고, 그 마음 상태에 따라 행동이 달라진다. '모든 것은 내 탓일 수도 있겠구나' 하고 스스로 돌아보는 것이 오히려 나의 정신건강을 이롭게 한다는 사실을 깨닫고 오늘부터 핑계를 적으로 간주하라.

유머 있는 사람이 일도 잘한다

    사람은 웃으면 몸속에서 엔도르핀이라는 물질이 나온다. 1975년, 영국 애버딘대학교의 생화학자 한스 코스터리츠(Hans W.Kosterlitz) 박사는 뇌에서 생성되는 엔케팔린(enkephalins)이란 물질을 발견했다. 연구 결과 이 물질은 모르핀보다 200배 더 강력한 향정신성 효과가 있는 것으로 밝혀졌다. 그래서 이것을 체내의 모르핀(morphina within)이라는 의미로 '엔도르핀'이라고 명명하였다.

    엔도르핀은 중독되지 않는 천연 진통제이다. 엔도르핀은 신경 활동을 통제하여 근심이나 걱정을 덜어주고 뇌의 기능을 도우며 몸의 통증을 막아준다. 그리고 혈액 속에서 순환하면서 호르몬과 같은 역할을 한다. 긴장을 조절하고 심장 활동을 도와주며 암환자들을 치료하는 데 효과가 있다. 특히 엔도르핀은 스트레스로 생긴 질병을 치료하는 데 뛰어난 효과를 발휘한다. 그러나 문제는 엔도르핀이 체내에서 자동적으로 생성되는 것은 아니라는 점이다. 이 물질은 감정과 관계가 있다. 기쁘고 즐거우면 엔도르핀은 많이 생성되지만 우울하고 속상하면 엔도르핀과 정반대의 효과를 나타내는 아드레날린이 생성된다.

웃음은 엔도르핀을 생성시키는 가장 효과적인 촉진제이다. 웃는다고 해서 무조건 엔도르핀이 생성되는 것이 아니라 8초 이상 웃어야 다량으로 나온다. 따라서 엔도르핀의 효과를 보기 위해서는 즐거운 마음, 유쾌한 생각을 하며 웃어야 한다. 그래야 오래 웃을 수 있다.

이렇게 좋은 엔도르핀을 매일같이 만들어주는 사람이 있다면 어떨까? 엔도르핀을 매일같이 전달해주는 사람이 바로 유머 화술의 대가다. 오늘부터 직장 내에서 엔도르핀을 생성하는 유머 화술의 달인으로 다시 태어나보자.

왜 유머 화술이 필요한가?

일반적으로 잘 웃기만 해도 괜찮은 사람으로 평가받지만 뛰어난 사람이 되기 위해서는 유머 감각을 길러야 한다. 단언컨대 유머 화술이 필요한 이유는 성공하기 위해서다. 성공을 하기 위한 첫 번째 조건을 인간관계로 꼽는 사람들이 많고, 실제로도 가장 중요하다.

유머 화술을 구사하는 사람과 잘 구사하지 못하는 사람은 바로 이 인간관계에서 차이가 난다. 물론 유머 화술을 구사하지 않더라도 인간관계가 좋은 사람들이 있다. 그러나 유머 화술을 구사하는 사람은 정해진 시간 내에 여러 명의 다양한 사람들과 빨리 친해지기 쉽고 인간관계도 부드럽다는 사실은 부인할 수 없다. 한마디로 유머 화술을 구사하지 못하는 사람은 1시간에 1명에게도 호감을 주기 어려울 수도 있지만 유머 화술을 구사하면 1시간에 10명에게 호감을 줄 수 있다.

유머 화술을 구사하면 할수록 상대방에게 좋은 이미지와 긍정적인 기운을 전할 수 있다. 직장에서도 재미가 없는 사람과 일하는 것은 고통스럽다. 여성들은 가장 이상적인 남자 친구로 유머 감각이 있는 사람을 뽑았고, 남성은 잘 웃어주는 여자를 이상적인 여자 친구로 뽑았다. 남자와 여자 모두 잘 웃겨주고 잘 웃어주는 사람과 사귀고 싶어 하는 것이다.

건강한 신체를 만들기위해서 운동을 하는 사람이 늘고 있다. 하지만 직장 생활, 인간관계 때문에 좌절하고 충격에 노출되기 쉬운 정신을 건강하게 챙기려는 사람은 별로 없는 것 같다. 육체적인 건강뿐만 아니라 정신적인 건강도 매우 중요한 시대다. 웃음은 바로 마음의 조깅과도 같다. 많이 웃어야 건강해지고 많이 웃어야 많이 웃길 수 있다.

유머 화술을 구사하고 싶은 욕구가 있다면 많이 웃어라. 하루에 몇 번을 웃고, 하루에 몇 번이나 사람을 웃게 만드는지 세어보라. 사람들이 유머 화술을 구사하는 데 용기를 잃는 이유는 두 가지로 요약할 수 있다.

❶ 몇 번 웃기려고 노력했는데 사람들에게 "너 정말 안 웃기다", "지금 웃으라고 한 소리냐", "그게 웃기냐"라는 소리를 몇 번 듣고 나면 '나는 정말 웃기는 데 재주가 없어'라고 자기암시를 해버리고 만다.

❷ '이런 유머를 구사했다가 썰렁하면 어떻게 하지?', '사람들의 반응이 없으면 어떻게 하지?', '상대방을 기분 나쁘게 하면 어떡하지?' 등의 지레짐작 때문에 유머를 시작하지 않으려 한다.

처음부터 유머 화술의 달인은 없다. 자신이 준비한 유머 화술이 제대로 상대방을 웃기지 못했다면 내용이 부실하였는지, 전달하는 방법이 잘못되었는지, 자신의 리액션이 부족해서인지, 표정이 풍부하지 않아서인지 알아보고 다음에는 좀 더 다른 방법으로 유머 화술을 구사하면 된다. 자신이 구사한 유머 화술을 스스로 분석하다 보면 어느새 유머 화술의 달인이 되어 있는 자신을 발견할 수 있을 것이다.

사람들은 언제 웃나?

필자는 특이하게도 넘치는 끼를 주체하지 못해, 한때 방송 3사 개그맨 공채를 준비하기도 했었다. 그때 소속사 개그맨 선배님들이 전수해준 방법과 스스로 터득한 실전 노하우를 과감히 공개할까 한다.

유머 화술을 잘하기 위해서는 가장 먼저 사람들이 어떤 상황에서 웃는지 알아야 한다. 사람들은 언제 자지러지게 웃을까? 일반적으로 다음과 같을 때 사람들은 웃는다.

1 마음에 여유가 있을 때

마음에 여유가 있어야 웃을 여유도 생긴다. 내일 당장 어머니의 큰 수술을 앞둔 사람 앞에서 아무리 웃긴 이야기를 해봤자 그 사람은 전혀 반응을 보이지 않을 것이다. 오히려 언짢아할지도 모른다. 내일 당장 면접 시험을 치러야 하거나, 중요한 일을 앞두었거나, 몸이 아파서 힘들어 할 때도 마찬가지이다. 사람은 누구나 마음의 여유가 있을 때만 웃을 수 있는 것이다. 즉, 상대를 웃기려면 평소 상대방에 대해 관심을 가지고 있어야 한다.

2 예상에서 어긋날 때

일본, 한국, 중국 세 나라 사람이 모여 시합을 열었다. 서로 자기가 인내심이 더 강하다며 우승을 장담했다. 시합은 더러운 돼지우리 안에 들어가서 누가 더 오래 있는가 하는 것이었다. 일본, 한국, 중국 사람이 동시에 들어갔다. 채 1분도 지나지 않아 일본 사람이 뛰쳐나왔다. 1시간이 지나자 도저히 못 참겠다며 한국 사람이 코를 막고 나왔다. 다음은 누가 나왔을까? 정답은 '돼지' 다. 이 이야기를 하면 사람들은 피식 하고 웃는다. 사람은 자신의 예상이 어긋날수록 더 많은 폭소를 터뜨린다.

3 우스꽝스러운 몸짓을 볼 때

가만히 서서 입으로만 웃기는 개그맨을 본 적이 있는가? 개그맨들이 TV에 출연해 우스꽝스러운 표정이나 몸짓을 하면 웃음이 난다. 유머 화술을 구사하고 싶은 사람이라면 명심해야 할 것이 있다. 자신이 망가지지 않으면 절대 사람들을 웃길 수 없다. 유머 화술을 구사한다고 해서 자신의 이미지가 실추되는 것은 아니다. 오히려 다양한 면을 보여줌으로써 다른 사람에게 또다른 매력을 느끼게 하는 것이다.

지금부터 거울을 보고 자신의 얼굴에 표정을 가해보라. 밝은 표정, 찡그린 표정, 웃는 표정, 인상 쓰는 표정, 우스꽝스러운 표정 등을 짓고 행동과 연결하는 연습을 해보자.

4 공감할 때

 학창 시절에 가장 웃겼던 친구를 떠올려보라. 그 친구가 어떻게 사람들을 웃기고 즐겁게 해주었는가? 아마도 공감 가는 말과 행동을 취했을 것이다. 선생님 흉내를 낸다든가 성대모사를 잘한다든가 유명인의 행동을 잘 따라 한다든가 하는 식으로 상대방이 공감할 수 있는 행동을 하면 사람들은 웃게 되어 있다. 자신이 상대방의 기억 속에 있던 것을 되살리면 서로 공감대를 형성하게 되어서 유머가 더 잘 통하는 것이다. 평소 다른 사람들이 했던 말이나 행동 등을 기억해 놓았다가 그 상황을 떠올리게끔 말해보자.

5 해석이 기발할 때

 남편의 반대말은 무엇인가? 편남, 내 편, 북편, 아내, 우리 편 등 다양한 대답이 나올 수 있다. 해석이 기발할수록 사람들은 많이 웃는다. 이것은 허무 개그에도 많이 쓰이는 소재다. 하지만 조심해서 사용해야 하는 유머 화술이기도 하다. 해석이 기발하다는 것과 너무 작위적인 느낌이드는 것은 확연히 구분해야 할 것이다.

유머의 효과와 편견

유머의 효과

뇌에는 감정이 없다. 자신이 다른 이에게 욕을 먹고 있는데도 뇌는 그것을 인지하지 못한다. 짜증을 내고 욕을 하고 성질이 났다는 표현을 해야 우리 뇌는 '아! 우리 주인님이 기분 나쁘구나' 하고 인식한다. 그래서 바로 혈압을 상승시키고, 혈액순환을 방해한다. 반대로 로또 1등에 당첨이 되었다고 가정해보자. 이때 역시 뇌는 현재 나의 기분 상태를 모른다. 웃고 기뻐하면서 박수를 치는 즐거운 행동을 해야 '아! 우리 주인이 기분이 좋구나. 좋은 피와 엔도르핀을 공급해야지' 하고 반응하는 것이다.

이것은 무엇을 말하는가? 현재 기분이 나쁘다 하더라도 뇌를 속일 수 있다는 뜻이다. 웃고 떠들면서 박수를 치는 행동을 하면 설사 기분이 나쁜 상태라 하더라도 뇌는 '우리 주인이 기분이 좋구나' 하고 좋은 피와 엔도르핀을 공급한다. 매일 뇌를 속여보자. 기분이 좋아서 웃는 것이 아니라 웃어서 기분이 좋다는 말은 이래서 나온 게 아닌가 싶다.

사람은 태어나 성장하며 어느 순간부터 입가에서 웃음이 사라진다. 아이들은 생후 2~3개월 후부터 웃음의 양이 많아져 하루 400번 이상 웃는다. 6세의 아이도 하루 300회 정도 웃는다. 하지만 성인이 되면 차츰 웃음을 잃어버려 평균 14회 정도까지 급격히 줄고

심지어 하루에 단 한 번도 웃지 않고 지내는 사람도 있다고 한다.

웃음은 우리의 건강에도 많은 영향을 미친다.

웃음과 건강의 관계를 규명한 대표적인 사람은 미국 스탠퍼드대학의 프라이 박사다. 이 분야의 선구자인 그는 오랜 연구를 바탕으로 웃음의 생리적 효과를 분류했다.

1 자연 진통효과이다

웃을 때 뇌하수체에서는 엔도르핀과 같은 자연 진통제가, 부신에서는 염증을 낮게 하는 화학물질이 나와서 진통 효과를 낸다.

2 혈압을 낮춘다

웃으면 동맥이 이완되어 혈액순환이 원활해지고 혈압이 낮아진다.

3 심장마비를 예방한다

웃음은 스트레스와 분노를 없애고, 긴장을 완화시켜 심장마비와 같은 돌연사를 예방한다.

4 면역력을 높여준다

웃음은 면역력을 높여 감기와 같은 감염 질환은 물론 암이나 성인병에 대한 저항력도 높인다.

웃음 치료사들은 하루 45분만 웃으면 고혈압이나 스트레스 같은 현대 질병의 치료도 가능하고 환자가 10분 동안 통쾌하게 웃으면 두 시간 동안 고통 없이 편한 잠을 잘 수 있다고 주장한다.

유머에 대한 잘못된 편견

1 유머는 누구에게나 쉽다?

개그와 유머 화술은 엄연히 다르다. 개그는 콩트를 짜서 미리 연습을 한 후 그 상황을 인위적으로 연출하기 때문에 웃음의 포인트를 미리 정한다. 하지만 유머 화술은 그 포인트를 적재적소에 애드리브로 바로 연결해야 하기 때문에 생활에서는 개그맨들도 잘하지 못하는 경우가 많다. 유머는 누구에게나 어렵다. 그래서 한번 해볼 만하다.

2 유머는 폭소다?

어떤 이야기를 했을 때 폭소가 터져야 유머라고 생각하는 사람들이 많다. 개그 프로그램을 보면 시너지 효과를 얻기 위해 사람들이 박장대소하는 모습을 화면에 같이 보여준다. 이를 보고 '정말 폭소가 터져야 유머라고 할 수 있구나' 하고 생각한다면 큰 오산이다. 내가 하는 유머에 사람들이 인상 쓰지 않고 조금의 미소만 지어도 성공한 것이다.

3 유머는 한 방이다?

유머를 한 번 익혔다고 감각이 생긴 것이라 생각하는 사람들이 있다. 그러나 유머는 한 방이 아니다. 유머 감각을 한 번 익혔다 하더라도 계속해서 활용하지 않으면 녹이 스는 법이다. 한 번 웃기고, 두 번 웃긴 후에라야 비로소 큰 웃음을 더 자주 주위 사람들에게 줄 수 있게 된다. 유머는 꾸준히 연습해야 감각이 생긴다.

4 유머도 한계가 있다?

유머도 한계가 있다. 한 번 재미있는 이야기가 통했다고 해서 어디를 가서도 그 얘기를 하는 사람들이 있다. 그러나 계속 똑같은 콘셉트로 말하면 사람들은 금세 식상해한다. 아무리 재미있는 이야기라 하더라도 자리와 대상에 따라 달라져야 자연스러운 유머가 된다.

5 유머는 타고나는 것이다?

유머는 타고 나는 것이 아니다. 꾸준한 노력과 연습이 있으면 누구나 위트가 넘치는 유머 화술의 달인이 될 수 있다. 재미있고 창조적인 유머를 구사하기 위해 꾸준히 노력하라.

유머 화술 감각 키우기

1 적절한 비유를 하라

적절한 비유를 사용하면 유머의 고수가 될 수 있다. 비유하는 능력을 키우는 훈련은 자신이 사용하는 어휘가 얼마나 다양한지 평가하는 척도가 된다. 먼저 사람에 대해서 비유해보자. 그 사람의 특징이나 그 이미지를 담아 사물에 비유하거나 동물, 곤충, 식물 등에 다양하게 비유하는 훈련이다.

얼굴이 항상 붉은 빛을 띠는 사람이 있다고 하자. 당신이라면 그를 어떻게 비유하겠는가? 여기서 주의할 것은 "홍당무라고 생각합니다", "중국집 이름 같습니다. 붉은 반점요" 등 상대가 들어서 기분이 나쁠 만한 비유를 해서는 안 된다. 처음에는 무조건 긍정적으로 비유해야 한다. "태양 같은 분이라고 생각합니다"라든지 "열정을 뿜어내는 분입니다"라고 긍정적으로 비유하는 훈련을 하자.

앞에서도 말했듯이 너무 웃기는 데만 신경을 쓰다 보면 되는 대로 비유하게 되고 청중을 웃겼을지언정 상대방의 기분을 언짢게 만들 가능성이 있다. 기억하라. 상대방을 기분 나쁘게 해서 주위 사람들을 웃긴다면 그것은 유머 화술이 아니라 독설 화술이다. 유머 화술은 인간관계를 돈독히 하고 친밀하게 하려는 목적을 가지고 있으므로 유머를 듣고 기분이 나빠진다면 안 하느니만 못하다.

2 최신 유머를 수집하고 개인기를 만들어라

매일 재미있는 유머를 접하면 웃음의 포인트를 알 수 있다. 인터 넷이나 유머 책들을 사서 재미있는 부분을 수집해서 읽고 실제로 사용해보라. 유머 감각이 커질 것이다.

마찬가지로 개인기 하나 정도는 갖고 있는 것이 좋다. 가장 쉽게 따라 할 수 있는 개인기로 여자는 전도연, 남자는 김대중 전 대통령 의 목소리를 흉내 내는 것이다. 사람들을 웃게 하겠다는 신념만 있 으면 충분히 성대모사, 개인기 정도는 만들 수 있다. 동물 소리를 낸다든지 인기 연예인을 성대모사 한다든지 쉽고 재미나게 누구나 공감할 수 있는 개인기 하나쯤은 꼭 있어야 한다.

불가능하다고 생각하는가? 도전해보지 않은 것뿐이지 누구나 된다.

3 상상력을 자극하라

펩시콜라 광고 중 이런 게 있다. 호나우지뉴가 찬 공을 잔디로 뒤 덮인 축구 행성에서 메시가 받는다. 난감하게도 그곳에선 수많은 택시가 메시를 향해 돌진한다. 메시는 드리블을 하며 택시를 피한 다. 그중 택시 한 대가 서고, 거기서 내리는 사람은 바로 앙리다. 앙 리는 메시가 준 공을 받아 정글에서 드리블을 한다. 그곳에서 만난 파브레가스는 펩시콜라 광고판에 부딪혀 넘어진다. 그 공은 중국에 서 요리를 먹고 있던 램퍼드에 의해 발견되어 베컴에게 전달되고 베컴은 펩시콜라를 마시면서 미소를 짓는다. 정말 사람의 상상력을 자극하는 광고다.

'이런 일이 일어났으면 좋겠다' 고 상상해본 적이 있는가? 당신에게 무슨 일이 일어났으면 좋겠는가? 수만 가지 상상을 해보라. 엉뚱한 상상력을 바탕으로 기발한 이야기를 할 수 있어야 한다. 혼자서 훈련해도 좋지만 두 명 이상 그룹으로 하면 더욱 빠르게 유머 감각을 키울 수 있다.

4 과장된 몸짓을 생활화하라

유머 화술의 대가들은 과장된 몸짓을 잘 구사한다. 그리고 연기의 달인이다. 연기력을 높이려면 일상생활에서 일어나는 모든 일들을 표정부터 제스처까지 과장되게 말하는 훈련을 하는 것이 좋다. 말할 때 무미건조하게 하면 상대방이 그 의미를 알아들었다 하더라도 마음속으로 공감하지는 못한다. 반대로 손과 몸짓, 표정에서부터 액션을 크게 취하면서 이야기하면 상대방도 쉽게 이해하고, 재미있다고 생각한다. 오늘부터 무슨 말이든 액션을 크게 취하면서 이야기해보자. 지금부터 시작이다. 다음과 같은 말을 하며 몸짓을 연습해보자.

❶ 우리 오늘 마치고 술 한잔하러 갈까?

❷ 당신을 존경합니다.

❸ 어제 일은 내가 미안했어요.

5 내가 경험한 이야기를 활용하라

이 세상에서 가장 재미있는 이야기는 TV 속에서 나오는 것도 아니고 인기 연예인의 사생활도 아니다. 사람들은 화자가 직접 경험한 이야기를 각색해서 말할 때 가장 재미있어 한다. 자신이 경험한 이야기를 하면 그때의 상황을 영상처럼 떠올리면서 말하기 때문에 세세한 부분까지 정확하게 묘사할 수 있고 그 순간에 느꼈던 미묘한 감정들까지 풍부하게 표현할 수 있다. 그래서 상대방은 더 쉽게 이야기에 빠져들게 된다. 여기에 듣는 사람이 공감하는 내용이라면 폭소까지 터뜨린다.

6 "다행이네"라고 외쳐라

지금부터 모든 대화나 이야기 끝에 "다행이네"를 붙여서 이야기해보자. 상황이 주어지면 무조건 "다행이네" 하고 이야기해야 한다. 예를 들어 "나, 여자한테 또 차였어. 다행이네. 남자한테 차인 것보다 낫네", "컴퓨터가 또 고장 났어! 다행이네. 일 안 해도 혼나지 않겠네" 하는 식으로 말을 이어나가는 것이다. 처음에는 재미가 없는 이야기로 시작하지만 조금만 시간이 지나면 상당히 재미있는 말로 연결될 것이다.

7 말도 안 되는 말을 하라

지금부터 4명이서 게임을 시작한다. 한 명씩 왼쪽으로 돌아가면서 말을 하는데 말이 되는 이야기를 하면 지는 게임이다. 예를 들어 누가 봐도 못생긴 친구가 "난 송승헌처럼 잘생겼지"라고 말하면 그냥 넘어간다. 이러한 훈련을 하다 보면 처음에는 정말 유치한 이야기가 쏟아져 나오지만, 시간이 지나면서 상상도 못할 이야기들이 봇물 터지듯 나온다. 이때 지켜야 할 규칙이 부정적인 이야기는 하지 않는 것이다.

8 주어진 상황을 활용하라

이야기를 하고 난 후 '아까 이 이야기를 할걸. 안타깝다' 하고 생각하는 사람들이 많다. 유머 화술의 달인들은 말할 시점을 잘 포착한다. 타이밍 포착을 훈련하기 위해 지금부터 무슨 말이든 3초 안에 해보라. 처음에는 무슨 말을 해야 할지 잘 모르겠지만 시간이 지날수록 점점 재미있게 이야기하게 될 것이다. 지금부터 주어진 상황을 가지고 빨리 이야기를 만들어보자. 이는 순간적인 재치와 번뜩이는 아이디어를 높이기 위한 훈련이다.

자, 다음 상황에서 무슨 말을 할지 3초 안에 말해보자.

❶ 갑자기 실내 전등이 나갔을 때
❷ 휴대전화가 갑자기 울릴 때
❸ 외국인이 갑자기 말을 걸어올 때
❹ 갑자기 사랑 고백을 받았을 때
❺ 모르는 사람이 자꾸 아는 척할 때

유머 활용 시 주의해야 할 사항

1 민감한 화제는 피한다

처음 만난 사람과 종교적인 이야기를 한다든가 정치적으로 너무 민감한 사안에 대한 주제로 말하는 것은 피하는 것이 좋다.

2 듣는 이에게 맞춘다

낚시동호회에 가서 굳이 등산에 대해 이야기하는 사람들이 있다. 자신만 재미있게 생각하는 이야기는 안 된다. 어떤 이야기를 해야 할지 분위기를 먼저 파악해야 한다.

3 억지로 웃기지 않는다

웃기다고 생각하고 준비한 이야기인데 사람들이 웃지 않으면 당황해서 억지로 이야기를 밀어붙이게 된다. 그럴 때일수록 더욱 침착함을 유지하고 여유를 가져야 한다. 개그맨들도 열 번 말해야 한 번 웃길 수 있다고 한다. 그 한 번을 웃기지 못하는 개그맨도 부지기수다. 걱정하지 마라. 비록 지금은 당신의 유머가 계속 통하지 않을 수 있다. 하지만 시도 자체를 포기하지는 마라.

4 저속한 표현은 삼간다

웃기는 데만 신경을 쓰다가 과장되게 욕을 하거나 저속한 표현을 써서 상대방이 듣기 거북해한다면 아무리 마지막에 웃기는 이야기가 숨어 있다 하더라도 효과는 떨어진다.

5 앞서 나가지 않는다

궁금증을 자아내야 하는데 자신이 미리 다 이야기해버리는 경우이다. "제가 지금부터 재미있는 이야기 하나 할게요"라고 미리 말을 하면 사람들은 '그래, 얼마나 웃긴지 들어보자' 하고 팔짱을 끼게 되기 때문에 잘 웃지 않는다.

6 먼저 웃지 않는다

웃긴 이야기를 하면서 먼저 웃어버리는 사람들이 있다. 그렇게 하면 한마디로 김이 샌다. 상대방이 웃는 사람이 되어야 하는데 자신이 말하면서 웃으면 듣는 사람은 이해도 잘 되지 않고, 웃어줘야 할 것 같은 분위기에 불편해하고, '나보고 웃으라는 거야, 자기가 웃으려는 거야' 라고 생각하면서 거부반응을 일으킨다.

7 상대의 약점을 유머의 소재로 삼지 않는다

상대를 험담하거나 비방하고 비꼬면서 웃기는 사람들이 있다. 같은 예로 상대에게 부끄러운 감정을 불러 일으키거나 창피를 주면서 웃기려는 사람들이 의외로 많다. 그러나 이런 유머는 또 한 명의 적을 만들 뿐이다.

처세의 달인이 되어야
살아남는다

누구나 처세의 달인이 되고자 하지만 말처럼 쉬운 일은 아니다. 하지만 기본 공식을 알고 있다면 말 한마디로 상대와 나 모두 기분 좋게 하면서 내가 이끄는 방향대로 상황을 유도할 수 있다.

먼저 알아야 할 것은 처세에는 정답이 없다는 것이다. 어떤 사람을 만나느냐에 따라 답은 달라진다.

기업 내에는 다양한 조직원이 존재한다. 또한 나름의 위계질서가 있다. 일을 하면서 다른 조직원과의 소통은 피할 수 없는 일이므로 우리는 다른 사람들과 원만한 관계를 유지해야 성공할 수 있다. 그것이 처세술이다. 단순히 자기가 맡은 업무에만 충실하다면 관계의 힘이 중시되는 사회생활에서 절대 살아남을 수 없다. 직장 내에는 개인의 이익을 위해 사내 정치(다른 말로 '줄을 선다' 혹은 '줄을 세운다'고도 한다)에 열을 올리는 사람들이 있다. 특히 조직 내의 선후배 사이에서 두드러지게 나타나는 현상이다. 사내 정치는 조직의 원활한 상호 작용과 신뢰성을 무너뜨리는 문제점이 있다. 하지만 직장인 사이에서는 성공하기 위한 조건 중 하나로 꼽히고 있는 것도 사실이다. 따라서 직장 생활에서 성공하기 위해서는 어느 정도 사내 정치를 이해할 필요가 있다.

볼링핀 vs 볼링공

사람은 크게 볼링핀처럼 사는 사람과 볼링공처럼 사는 사람으로 구분할 수 있다. 볼링핀은 파울라인으로 빠질 위험도 없고 편안하고 안전하지만 가만히 서서 볼링공을 기다리는 운명이다. 볼링핀과 같은 사람들은 스스로 인생을 바꾸려 하지 않고 항상 남들이 해주기만을 바라는 수동적인 삶을 산다. 가만히 서서 볼링공이 어떻게 하느냐에 따라 운명이 결정되는 볼링핀처럼 말이다.

그런 반면 볼링공같이 사는 사람들은 항상 상황을 주도적으로 이끌고 자신의 인생을 개척한다. 물론 그만큼 도처에 위험이 도사리고 있다. 볼링핀을 하나도 못 맞추고 파울라인으로 빠질 수도 있고, 스플릿이 나서 곤경에 처할 수도 있다. 하지만 이들은 실패를 두려워하지 않고 다시 도전한다. 한 번 실수해도 다시 오뚝이처럼 일어나서 도전한다. 누가 어떻게 해주기만을 바라는 것이 아니라 주도적인 삶을 사는 것이다.

현재 자신은 볼링핀 같은 '수동적인 삶'을 살고 있는지, 아니면 볼링공 같은 '주도적인 삶'을 살고 있는지 점검해보자. 언제나 실수와 실패는 있을 수 있고 시련이 닥칠 수 있다. 하지만 백절불굴의 정신으로 다시 도전하고 또 다시 힘을 내본다면 결국 종착지는 자신의 인생이 점점 원하던 삶에 가까워져 있을 것이다.

남의 떡이 더 커 보인다

테이블 위에 떡 두 개가 있다. 하나는 온전한 떡이고, 나머지 하나는 똑같은 크기의 떡을 반으로 자른 것이다. 두 가지 떡을 두고 사람들에게 어느 쪽이 더 크냐고 물어보면 90퍼센트 이상이 반으로 자른 떡이 더 커 보인다고 말한다. 그러나 실제로는 온전한 떡이 더 크다. 떡을 자를 때 적은 양이라도 칼날에 팥고물이 묻어 나갔을 것이기 때문이다. 어찌되었건 온전한 떡이 더 큰 것이 사실이다.

사람들은 누구나 남의 떡에 관심을 보이며 자신이 가진 것보다 남이 가진 것이 더 크다고 생각한다. 사람은 자신이 해보지 못한 일들에 대해서는 후회하는 경향이 있기 때문에 그런 일을 하는 사람을 늘 부러워하며 열망하고 동경한다. 또한 "저 사람은 무슨 돈을 저렇게 많이 버는 거야"라면서 그 사람이 하는 일에는 신경 쓰지 않고 표면적으로 돈을 많이 번다는 것에만 집착하여 비난하고 헐뜯는다.

하지만 자신이 가지고 있는 떡이 누군가에게는 가장 큰 떡처럼 느껴질 수 있다는 사실을 명심하자. 실제로 자신이 부러워하는 사람의 입장이 되어서 일을 해보면 정말 힘든 일이 많다는 것을 알게 될 것이다. 항상 지금 자신이 갖고 있는 것에 대해 고마워하며 현재의 환경에서 자신의 기량을 최고로 발휘해보자.

당신은 지금 토의를 하는가, 토론을 하는가

의견 교환의 목적에 따라 대화의 성격을 토론과 토의로 나눌 수 있는데, 직장 생활을 잘하려면 토의와 토론의 정의를 정확하게 구분할 수 있어야 한다. 토의는 미리 합의된 상황에 대해서 해결 방법을 제시하고 집단 전체의 사고 과정을 확인하기 위한 의사소통 방식이다. 토의는 공동의 이익이 무엇인지 확인하여 발전시키고, 내 의견과 상대방의 의견이 다르더라도 공동의 이익이 있기 때문에 서로 존중하며 합의된 결정에는 무조건 승복하는 경향이 강하다. 반면 토론은 찬성, 반대 각각의 주장을 내세우고 검증하고 논리적 근거를 정확하게 따져서 반박하고 설득하는, 경쟁적인 의사소통 방식이다.

쉽게 말해서 답이 있으면 토의가 되고 답이 없다면 토론이다. 예를 들어 "꼭 결혼을 해야 하는가?"라는 질문에 대한 정답은 없다. 따라서 이것은 토의가 아니라 토론의 소재다. 이런 문제는 답이 없기에 서로의 생각을 끝까지 굽히지 않고 자기만의 주장을 내세우기 쉽다. 자칫 잘못하면 감정싸움으로까지 변질될 수 있는 것이 토론이다.

직장 상사 혹은 동료와 특정 안건을 두고 논의를 할 때에는 그 성격이 토의인지 토론인지 먼저 구분해야 한다. 토의라면 내 주장만 강력하게 외쳐서 될 것이 아니라 최선의 선택이 무엇인지 정확하게 분석할 수 있어야 하고, 토론이라면 최대한 빨리 근거 자료를 찾아 거기에 기초한 주장을 펼쳐야 감정싸움을 피할 수 있다.

토론에서 주도권을 잡으려면, 주장이 대립하는 부분을 빨리 인지하는 것이 중요하다. 상대와 나의 공통된 의견은 무엇이고 반대되는 쟁점은 무엇인지 파악하여 자신의 주장을 뒷받침할 만한 충분한 증거를 수집해야 토론장에서 아무 말도 못하고 눈치만 보는 수모를 당하지 않는다.

상대의 의견에 대해 반박을 할 때에는 예시를 들어 문제점을 지적하고 그 문제에 대한 대처 방안까지 제시해야 토론에서 유리한 고지를 선점할 수 있다. 일단 토론을 잘하려면 주제를 정확히 이해해야 한다. 찬성과 반대 입장 모두의 장단점을 수렴할 수 있어야 함은 물론이다.

토 의	토 론
예) 부자가 되는 방법	예) 길거리 흡연 규제해야 한다
• 다양한 의견 수용	• 설득이 목적
• 집단적 사고 과정	• 경쟁적 사고방식
• 공동 이익 추구	• 결론 및 근거 자료 제시

논리는 언제나 비논리를 압도한다

'100분 토론'을 본 적이 있는가? '100분 토론'을 보면 알 수 있듯이 토론에는 반드시 규칙이 있어야 한다. 규칙이 있어야 감정싸움으로 변질되는 것을 막을 수 있다. 일반적으로 말을 많이 해야 토론에서 이길 수 있다고 생각한다. 하지만 토론은 말을 많이 하는 것이 중요한 것이 아니다. 발언 시간을 엄수하면서 핵심을 말하는 사람이 더 주목받는다. 그래서 시간 내에 말을 하는 훈련을 해야 한다. 그리고 상대의 말을 일부러 끊고 큰소리를 내거나 부정적으로 토론이 흐르게 하는 행위를 지양해야 한다.

그러나 아이러니 하게도 토론이란 규칙을 지켜야 하지만, 규칙을 지키면 재미가 없어진다. 규칙을 분명히 지키고 상대방과 번갈아가면서 시간을 엄수하며 큰소리 내지 않고 이야기한다면 아마도 '100분 토론'의 시청률은 0.1퍼센트도 나오지 않을 것이다. 사회자는 이러한 사실을 알고 있어야 한다. 규칙을 지켜야 하지만 규칙만 강조하면 긴장감이 떨어지고 재미도 없고 무미건조한 이야기만 오고가는 싱거운 토론이 되기 때문에 암암리에 이러한 규칙을 깨는 장치를 마련하는 것이 진정한 사회자의 몫이기도 하다.

규칙을 깰 때 사회자가 고정관념을 가지고 있으면 안 되고 자신의 생각을 투영시켜서도 안 된다. 그리고 어느 한쪽도 치우침이 없이 공정한 진행을 할 수 있어야 한다. 또 한쪽이 불리하면 불리한 입장에 서서 상대방과 맞서기도 해야 한다.

말을 조리 있게 잘하고 싶은가? 그럼 오늘부터 친구와 지인들을 대상으로 토론하는 시간을 많이 가져보라. 어떤 주제든 상관없다. 찬성과 반대 입장이 분명히 나뉘는 상황을 설정하고 서로의 주장을 내세울 만한 근거 자료를 가지고 자신의 언변을 발전시켜보자.

사회자는 좌석 지정을 해주어야 하며 어떤 내용으로 오늘 토론이 진행될지 순서를 알려주고 주제를 설정해주어야 한다. 그리고 참여자가 자리에서 이탈하지 못하도록 방지하고 논점을 정리하면서 토론 내용을 메모한다. 마지막으로 종합 발표를 할 때는 한쪽으로 치우치지 않게 발표하는 것이 중요하다.

회사 내에 토론 문화를 정착시킨다면, 직장 생활에 활력을 불어넣어 줄 것이고 내 표현 능력과 잠재 능력은 저절로 발전할 것이다.

침묵은 상대방의 말에 동의한다는 의미란 것을 알아야 한다. 아무 말도 하지 않으면 상대는 자신의 말에 수긍한다는 의미로 받아들인다.

토론을 할 때는 말투 역시 중요하다. 습관처럼 말끝마다 '요' 자를 붙이는 사람이 있다. 공식적인 자리에서 그렇게 말하면 전문성과 신뢰성이 떨어져 보인다. '요'가 아닌 '다'로 끝내는 연습을 해야 한다. "솔직히 말해서"라는 말을 자주하는 사람도 있는데, 이러한 말도 결국 말의 신뢰성을 해친다. 그런 말을 붙이지 않고 하는 말은 모조리 거짓말이라는 뜻인가? 또한 "그래서요?", "뭐요?"라고 따지듯이 토론을 하려는 사람들도 있는데 이는 사람의 방어 심리를 발동시켜 문제의 본질을 외면한 채 서로의 감정만 상하게 하는 결과를 낳을 수 있으니 주의해야 한다.

설득의 기술을 익혀라

설득을 방해하는 많은 요인들을 먼저 파악하고 그 요소들을 제거할 때 진정한 설득의 달인이 될 수 있다. 지금부터 설득을 방해하는 요소가 무엇인지 알아보자.

1 필요성
아무리 좋은 조건을 제시한다 하더라도 사람은 필요하다고 생각되지 않는 일에는 설득당하지 않는다. 따라서 사람의 심리를 이용해서 필요성을 자극하는 것이 중요하다. 업무에 대한 보고서에 상사가 이견을 보일 경우 자신의 기획안에 대한 자신감을 보이고 상사에게도 필요한 사안이라는 느낌을 이끌어내야 한다.

> "제 보고서를 다시 한 번 판단해주십시오. 이 보고서 내용이 다소 과장돼 보일 수도 있기 때문에 쉽게 가치를 판단하기 어렵다는 것은 압니다. 하지만 제품을 사용할 주 고객을 생각하면 제가 왜 이러한 말들을 했는지 이해하게 되실 겁니다."

2 불가능 인식

내 말이 불가능할 것 같다는 인식을 상대가 갖고 있으면 쉽게 설득하기는 힘들다.

> 결론부터 이야기하면서 그에 맞는 이유를 설명하고 근거 자료를 통해 자신이 이야기하는 것이 충분히 실현 가능하다는 사실을 설명할 수 있어야 한다.

3 오해

상대방이 말을 잘못 이해하고 오해를 하여 설득에 실패하는 경우가 더러 있다. 설득하는 동안 상대가 자신의 말을 정확하게 이해하고 있는지 확인하면서 말을 이어나가는 것이 좋다.

> "○○○님, 지금 그것에 대해서 궁금한 것이 맞습니까? 그게 의문
> 이라면 이러한 해답이 있습니다"라는 말과 함께 상대의 질문을 또
> 한 번 확인하고 "여기까지 이해가 안 가거나 궁금한 점이 있습니
> 까?"라고 반문할 수 있어야 한다.

4 설득당하기 싫다는 심리

살아오면서 한 번쯤은 설득을 해보기도 하고 설득을 당해보기도
했을 것이다. 남의 말을 듣고 생각을 바꾸는 것을 좋아하는 사람은
없다. 아무런 이유 없이 설득당하기를 거부하는 사람의 심리를 이
해해야 한다. 조리 있게 이야기하고 논리적으로 설명했는데도 불구
하고 상대방의 두뇌는 '난 절대 설득당하지 않겠다'라고 고집을 부
린다. 오죽했으면 설득을 "당했다"라고 표현하겠는가.

당했다는 표현은 긍정적인 표현이 아니라 부정적인 말로 내가 의
도하지 않은 상태에서 피해를 입었다는 말과 같다.

> 사람들은 설득하는 것에는 쾌감을 느끼지만 반대로 설득을 강요받
> 는 입장이라면 무의식적으로 반대 심리가 작용한다는 것을 알고
> 있어야 한다.

5 불신

"믿지 못하면 이루지 못한다"는 말이 있듯이 사람의 말을 불신하기 시작하면 상대는 더 이상 말을 들으려 하지 않는다. 불신을 제거하는 가장 좋은 방법은 데이터를 이용한 분석 자료처럼 믿음을 줄 수 있는 근거 자료를 제시하는 것이다.

> 항상 상대가 의심하는 것을 경계하고, 어떤 점 때문에 불신이 생겼는지, 그것이 과거의 좋지 못한 경험 때문인지, 충분히 이해하지 못했기 때문인지, 어떤 이유 때문인지를 빨리 파악하고 그 문제를 해결해줄 수 있다면 그것이 최고의 설득 기술이다.

6 비교

사람은 가치를 판단하기 좋아한다. 비교 분석을 거쳐서 의사를 결정했다면 가장 잘한 결정이라고 생각하며 후회하지 않는다. 상대가 제시한 조건을 쉽게 받아들이지 않고, 다른 결정을 함으로써 얻게 되는 이익을 꼼꼼히 분석한 후, 스스로 최종 결정을 내리는 것이다.

> 어떤 사람을 설득하기 위해서는 자신의 주장이 그 어떤 방법보다 비교 우위에 있음을 근거 자료를 토대로 피력해야 한다.

176

7 망설임

생각하는 동물인 사람은 최종 결정을 하기에 앞서 끝까지 한 번 더 생각하려 한다. 하물며 작은 결정이 아니라 한 번의 결정으로 평생이 좌지우지되는 긴요한 사항이라면 누구라도 최종 결정을 망설일 수밖에 없다.

상대가 망설이는 것을 포착했다면 더욱더 사전 조사를 많이 하여 어떤 부분에서 망설이는지, 즉 시간 부분인지, 가격 부분인지, 제품 부분인지 아니면 그 외 부분 때문인지 정확한 판단을 하고 끈기를 가지고 상세한 설명을 덧붙여 말할 수 있어야 한다.

결국 이 같은 방해 요소를 파악하고 끊임없이 상대를 설득해야만 내 편으로 만들 수 있다. 단 한 번에 상대를 설득하려 하지 말고 반복해서 설득하면 결국 상대방을 내 의도대로 이끌 수 있다는 의미다.

계속 부탁하는 사람과 계속 거절하는 사람 중 누가 이기게 되어 있는가? 결국 먼저 포기하는 사람이 지게 되어 있다. 절대 포기하지 마라. 이제부터 반복의 기술을 발휘해 설득의 왕이 되어보자.

❶ "지금 어떤 기분인지 이해가 갑니다"라고 말해보자.

먼저 상대의 기분을 이해하는 표현을 할 수 있어야 한다. 그렇게 하면 동질감을 이끌어낼 수 있다.

❷ "처음에는 저도 그렇다고 느꼈습니다"라고 말하자.

이는 상대가 어떤 생각을 하든지 그 생각은 자신이 미리 해본 것이라는 표현으로 지금 상대가 말하는 것이 틀렸음을 우회적으로 표현하는 기법이다.

❸ "하지만 그렇지 않다는 것을 알았습니다"라고 말하자.

나도 처음에는 상대방과 같은 생각을 했지만 그렇지 않았다는 것을 완곡하게 표현함으로써 상대의 말을 부정하는 화법이다. 상대의 의견에 반대한다는 사실을 눈치채지 못하게 하면서 상대를 설득하는 최고의 스피치 기술이다.

루쉰은 『아큐정전(阿Q正傳)』으로 유명한 중국 문학가 겸 사상가다. 그의 문학과 사상에는 모든 허위를 거부하는 정신과 현실에 뿌리박은 강인한 사고가 뚜렷이 부각되어 있기로 정평이 나 있다. 그런 그의 말 속에는 늘 유머가 넘쳐났다. 당시 국민당에서 남녀가 한 학교를 다니거나 수영장에서 함께 수영하는 것을 금지하자 그는 이렇게 말했다.

"남녀가 유별한데 함께 공부하고 수영을 하다 보면 자연히 서로 몸을 부딪치게 되니 당연히 금지해야지. 근데 인간은 숨을 쉬지 않나. 숨을 쉬다 보면 남자가 내뱉은 공기가 여자의 콧속에도 들어갈 수 있으니 이렇게 불경한 일도 또 어디 있나! 그러니까 내가 생각했을 때 사람들에게 방독면을 쓰게 해서 공기가 불순해지지 못하게 해야 한다고 봐. 이렇게 말야."

말을 마친 루쉰은 자리에서 일어나 방독면을 쓰고 거리를 걷는 흉내를 내기 시작했다. 그 모습을 본 친구들은 배꼽을 잡고 박장대소했다. 이처럼 그는 풍자식 유머로 상대에게 깨우침을 주는 방법을 잘 구사했다.

Part **4**

아랫사람은
이런 상사를 원한다

무조건 내 말대로만 하면 되네. 내 말을 고깝게 생각하지 말고 시키는 대로만 따라와!

네, 알겠습니다. 그렇지만 이 안건은…….

이 일은 내가 지난 20년 동안 계속해 온 일이야. 내 말이 맞다니까!

아 네, 물론 부장님 말씀도 맞는데요. 이번에는 변수가 있어서요. 그 방법보다는…….

무슨 잔소리가 그렇게 많아? 자네가 나보다 이 일을 더 잘 안다고 생각해? 그냥 시키는 일이나 제대로 하라니까!

상사가 아랫사람에게 명령만 하던 시대는 지났다. 이제 상사의 능력을 증명해주는 것은 상사 자신의 능력이 아니라 아랫사람을 어떻게 활용하는가이다. 아랫사람을 상사라고 생각하고 말하라.

스스로 능력 있는 상사가 되어라

직장 생활에서 성공이란 무엇을 뜻하는지, 어떻게 하면 성공했다고 말할 수 있을지 사람들의 의견은 분분하다. 직장에서 진급하는 것을 성공이라고 보는 사람도 있고, 이렇게 힘들고 어려운 시기에 시쳇말로 잘리지 않고 회사에 남아 있는 것만으로도 성공이라고 여기는 사람도 있을 것이다. 이렇듯 성공을 한마디로 정의하기란 쉽지 않다.

상사라면 매사 효율적으로 일을 처리하여 부하 직원과 직장 동료들로부터 인정을 받고 칭찬을 받는 것이 성공의 필수 조건이다. 하지만 사무실에서 부하 직원에게 신뢰를 얻고 인정받는 상사가 되기란 말처럼 쉬운 일이 아니다. 한 설문조사에 따르면 부하 직원이 가장 좋아하는 상사의 유형은 진심어린 애정을 가지고 관심을 가져주는 상사, 질책보다는 칭찬과 격려를 아끼지 않는 상사, 그리고 한 번 한 약속은 반드시 지키는 상사로 나타났다.

반대로 부하 직원이 싫어하는 유형은 책임을 전가하는 상사, 무능력한 상사, 결과만 중시하는 상사, 말을 함부로 하는 상사 등의 순으로 나타났다.

부하 직원이 싫어하는 상사	부하 직원이 좋아하는 상사
• 책임 전가 • 무능력하고 결과만 중시 • 말을 함부로 함	• 진심 어린 애정 • 질책보다는 칭찬과 격려 • 한 번 한 약속은 반드시 지킴

자신만의 1등 키워드를 구축하라

예전에는 어떤 분야에서든 전문가가 되기만 하면 성공할 수 있다고 믿어왔고, 실제로도 맞는 말이었다. 하지만 전 세계가 불황의 늪에서 허우적대고 있는 지금은 그렇지 않다. 브랜드의 시대가 도래한 것이다. 누구나 자신만의 브랜드가 있어야 한다.

조미료 하면 머릿속에 가장 먼저 떠오르는 브랜드는 무엇인가? 아마 대부분의 사람이 '미원'을 떠올릴 것이다. 미원과 함께 조미료 시장을 대표해온 '미풍'도 있는데 사람들은 미원을 조미료와 동일시하여 사용한다. 그 이유는 가장 먼저 조미료 시장에 뛰어들어 1등 키워드를 만들었기 때문이다. 뒤이어 조미료 시장에 뛰어들었던 미풍은 주목을 받지 못하고 결국 사람들의 기억 저편으로 사라져 갔다.

미풍은 조미료 시장에서는 절대 미원을 이길 수 없다는 사실을 알고 자기만의 새로운 키워드를 찾기 시작했다. '천연 조미료'라는 키워드를 개발하고 자사 브랜드 '고향의 맛 다시다'를 만들어낸 것이다. 미원은 가만히 있었는데도 하루 아침에 화학 조미료로 둔갑한 것이다. 자연스럽게 이후 사람들의 관심이 조미료 시장에서 천연 조미료 시장으로 점점 옮겨가면서 미풍은 미원을 위협하기 시작했다.

독자적인 경쟁력과 브랜드가 얼마나 중요한지 알려주는 사례였다. 이는 직장 상사에게 요구되는 덕목이기도 하다. 부하 직원들은 자신만의 브랜드가 없는 상사 밑에서 일하고 싶어 하지 않는다. 브랜드 이미지가 확고한, 유능한 상사와 함께 일해야 자신의 능력도 그만큼 발전하기 때문이다. 한마디로 아랫사람은 배울 게 많은 상사를 선호한다.

일에 대한 경쟁력 외에도 성실함과 같은, 자신을 드러낼 수 있는 내면적인 브랜드 네임이 있어야 한다. 쉽게 말해서 '성실'이라는 단어를 떠올렸을 때 둘째가라면 서러울 정도로 성실한 보험 영업 전문가가 있다고 하자. 이 사람은 보험에 대한 해박한 지식과 전문성도 갖추었지만 무엇보다 성실해서 고객을 많이 확보했다. 이 보험 전문가가 보험 영업을 하지 않고 자동차 정비업으로 직업을 바꾸었다고 가정해보자. '아니 보험 전문가가 왜 자동차 정비업을 하지?' 하고 생각해서 고객이 떠날 것 같다고 예상하겠지만 실제로는 그렇지 않다. '자산 관리를 잘해주었듯이 자동차 관리도 틀림없이 잘해줄 거야!' 하고 성실이라는 그 사람의 브랜드 네임을 잊지 않고 찾아오게 된다. 전문가가 되지 말라는 소리가 아니라 전문성을 발휘할 근간이 되는 1등 키워드가 있어야 한다는 의미다.

이처럼 자신의 브랜드 이미지를 확고히 하려면 끊임없는 자기 계발이 필수다. 상사라고 해서 배움을 게을리하고 자리 지키기에만 급급하면 결국 도태되기 마련이다.

논리적이고 일관성 있는 화법을 구사하라

논리적이지 못하고 변덕스러운 상사를 좋아할 아랫사람이 얼마나 될까? 매번 지시 사항이 달라지고 정확하지 않은 정보를 제시하는 상사는 아무도 좋아하지 않는다. 이는 부하 직원을 맥빠지게 하고, 상사의 능력에 의심을 갖게 한다.

사람이 논리적이지 못하고 일관성이 떨어지는 말이나 행동을 하는 데에는 그만한 이유가 있다. 바로 자신이 하는 말을 입증할 구체적인 자료가 없고, 자신이 내린 판단에 확신이 없기 때문이다.

업무를 지시했을 때 부하 직원이 그 이유에 대해 질문한다고 해서 "그래서 안 하겠다는 거야?", "따지지 말고 시키는 대로 하기나 해"라고 말하면, 이는 권위적이거나 자신의 의견을 뒷받침할 근거가 마련되지 않아 자신이 없는 사람이다. 상사의 이런 태도는 가깝게는 부하 직원의 원성을 사고, 나아가 회사 전체의 경쟁력까지 떨어뜨리는 결과를 초래한다.

상사가 논리적이지 못하고 매번 일관성이 없는 태도를 일삼으면 중요한 순간에 아무도 믿고 따르지 않는다. 부하 직원에게 업무에 관한 지시를 할 때는 최대한 명확하고 단순한 것이 좋다. 하고자 하는 말을 간결한 한마디로 정리해서 분명하게 지시하고 구체적인 내용은 좀 더 체계적으로 전문성 있게 지시해야 한다. 이때 인상을 쓸 필요도 없고 평소보다 더 환하게 웃을 필요도 없다. 비전을 제시하고 그 비전에 맞는 열정적인 표정을 지으면 그만이다.

설사 지시한 업무의 결과가 좋지 않더라도 "왜 그렇게 했어?", "이런 사태까지 미리 예상하고 일을 처리했어야지" 등의 책임을 전가하는 말을 하는 것보다는 "난 내 아이디어가 좋다고 생각했는데, 임원들은 실행하기에 시기상조라고 생각하는 듯하군. 일이 잘되지는 않았지만 다들 내 의견에 따라줘서 고맙고, 우선 임원들이 원하는 방향으로 보고서를 다시 작성해보자고"라고 말하는 것이 진정한 리더십이다.

사람이 하는 일이 매번 정확하고 옳은 결과만 낳을 수는 없다. 즉 실패는 누구에게나 있을 수 있다. 자신이 한 일이 실패했다고 해서 부하 직원에게 위신이 서지 않을 것이라고 착각하지 마라. 부하 직원은 일이 잘못되었을 경우 책임을 회피하는 상사보다 자신의 잘못을 인정하고 적극적으로 개선 방안을 찾으려는 상사를 신뢰하고 존경한다. 실패했더라도 자신의 의견이 지닌 좋은 점은 인식시키고, 수정할 사항을 제시하면서 일관성 있는 태도를 유지하면 보다 효과적으로 존경을 얻을 수 있다.

여기에 부하 직원의 관심사를 기억해주고 그들의 가족이나 친지들의 이름을 외워 안부를 묻는 등 진심 어린 애정을 보여주면 금상첨화라 할 수 있다.

02

아랫사람에게 일에 대한
동기를 부여하라

1년 365일 중에 몇 월 며칠이 가장 동기부여가 잘 되는 날일까?

사람들은 새롭게 시작하자는 의미에서 1월 1일을 손꼽는다. 새해
가 되면 다이어리부터 교체하고 새해 계획을 세우고, 빼곡히 일정
을 적어보며, 목표를 정하고, 달력에 새해 일정을 쓰는 데 여념이
없다.

하지만 막상 2~3일 만 지나면 말짱 도루묵이 되는 느낌을 받아
본 적이 있을 것이다. 작심삼일은 왜 생기는 것일까? 계속 열정적인
마음을 지속하는 힘이 생길 수는 없는 걸까? 동기부여 유발 이론가
의 말을 인용하면 6세 이하의 아동은 동기부여 지속 시간이 6시간
밖에 되지 않아 어떤 일에 대한 주지를 시킨 후 6시간 후에 다시 주
지를 시켜야 한다고 한다. 사람마다 차이는 있겠지만 아쉽게도 20세

이상 성인 남녀는 동기부여 지속 시간이 24시간 남짓이라고 한다. 어떠한 자극을 받고, 다짐을 하고, 동기부여를 받았다고 하더라도 24시간이 지나면 다시 원점으로 되돌아간다는 말이다. 해서 동기부여는 한 번만 하는 것이 아니라 24시간이 넘지 않도록 매일 꾸준히 해주어야 효과가 있고 지속성이 있다는 것이다.

무슨 일이든 적극적으로 뛰어드는 사람만이 성공할 수 있다. 직장에서도 항상 솔선수범하고 말보다 행동으로 보여주는 직원이 인정받는다.

행동을 가로막는 가장 큰 장벽은 무엇인가? 가장 강한 장벽은 내 안에 숨어 있는 게으름이다. 말을 잘하고 싶은가? 직장에서 능력을 인정받고 싶은가? 가장 중요한 것은 행동하는 것이다. 행동이 수반되지 않은 화법이나 화술은 미봉책에 불과하다. 언행일치는 그 사람의 능력과도 직결되며 책임 의식을 가진 사람이라는 믿음을 만들어준다. 때로는 그 믿음이 또 다른 실천의 원동력이기도 하다.

수많은 사람들이 나태함과 게으름에 맞서 오늘도 전쟁을 치르고 있다. 게으름의 노예가 되어 평생을 지배당하며 사는 사람들도 많이 있다. 성공하고자 한다면 우리는 이 게으름과의 전쟁에서 반드시 승리해야 한다.

직장 생활 속에서 매일같이 활력을 느끼고 즐겁고 재미나게 일을 한다면 얼마나 행복할까? 그 행복을 실제로 이루어주는 것이 바로 동기부여다. 특히 조직 내에서 어느 정도 위치를 차지하고 있는 임원이라면 반드시 갖추어야 할 덕목이자, 탁월한 성과를 내기 위한 필수 요건이라 할 수 있다. 이는 기업 성장에 핵심 인재의 확보보다 더욱 필요하다. 실제로 보통의 인재를 보유하고 있으나 동기부여를 잘하는 기업이, 우수한 인재를 보유하고 있으나 효과적으로 동기부여를 하지 못하는 기업에 비해 영업이익률 면에서 높은 성과를 보이는 것으로 나타났다.

21세기 기업과 조직의 리더들이 가장 심혈을 기울이는 분야 중 하나가 구성원들의 업무 의욕을 고취시키는 동기부여 활동이다. 동기부여는 개인의 욕구를 충족시켜주고 조직의 목표를 달성할 수 있게 해주는 핵심 요소이기 때문이다.

진정한 의미의 동기부여는 명령이나 지시가 아닌 자발적인 참여에서 비롯된다. 무력이나 위협에 의한 강압적인 동기부여는 일시적으로 사람들을 따라오게 하지만, 결국 자발적인 행위를 이끌어내지는 못하며, 이를 통해 가치 있는 결과를 만들지도 못한다. 진정한 의미의 동기부여는 개개인의 내부로부터 나오는 것이지 외부로부터 강요당하는 것이 아니다.

구체적인 비전을 제시하라

직장인을 대상으로 언제 동기부여를 느끼는지 조사하자 자신이 가치 있는 일을 한다고 믿을 때 동기부여가 된다는 대답이 가장 많았다. 상사가 일을 지시할 때 그 일이 얼마나 가치 있고, 회사와 직원의 성장에 얼마나 도움을 주는지를 자세히 설명해준다면 일에 대한 능률도 올라간다는 것이다.

직장 상사가 "어이, 김 과장. 최신 뉴스를 토대로 새로운 마케팅 분석 자료 내일까지 제출하게"라고 하면 김 과장은 "알겠습니다"라고 대답하겠지만 왜 그 일을 해야 하는지 이유도 모른 채 어림짐작으로 일을 하게 된다. 그래서 자신이 정녕 얼마나 가치 있는 일을 하고 있는지에 대한 목표가 없고, 열정을 가지고 그 일에 매진할 수 없게 된다. 당연히 목표 의식과 가치를 느끼고 일할 때보다 결과는 기대 수준 이하일 것이다. 별다른 의욕 없이 말 그대로 자료만 제출한다는 얘기다.

이때 상사가 "김 과장! 올해 우리 회사는 신상품 출시를 앞두고 새로운 마케팅 방법으로 100만 고객 창출을 목표로 하고 있네. 그 목표를 이루려면 최신 뉴스와 마케팅 자료가 필요해. 그러니 시간이 촉박하더라도 내일까지 분석 자료를 정리해서 제출해줘야겠어"라고 말한다면 김 과장은 자신이 하는 일이 얼마나 가치 있는 일인지 명확하게 인식하고 책임감을 갖고 일할 것이다. 김 과장은 분명

누가 시키지 않아도 보다 더 정확한 분석 자료를 만들기 위해 열정을 쏟을 것이다.

부하 직원에게 지시를 하려면 그 일에 대한 비전을 구체적으로 제시해 분명한 동기를 부여해주어야 한다. 상사가 부하 직원에게 지시 한 번 하는데 무슨 말이 그렇게 많이 필요하냐고 반문할 수도 있겠지만 정확한 비전 제시가 담긴 지시와 통속적인 지시와는 일의 능률면에서 확연한 차이가 생긴다.

이때 부하 직원에게 자신이 하는 일에 대해 선택권이 있다고 느끼도록 하면 더욱 열정을 가지고 일에 매진하게 할 수 있다. 따라서 특정 안건에 대한 책임을 일부 부여하면서 지시하는 것도 아랫사람을 이끄는 좋은 방법이다. 요즘 직장에서는 부하 직원이 무조건 상사의 지시에 복종하지는 않는다. 상사가 "김 대리, 시키는 대로 하기나 해. 무슨 말이 그렇게 많나?"라고 말하면 부하 직원은 상사를 무시하면서 적당히 일하는 척만 하고, 급기야 다른 직장을 알아보기도 한다.

대신 "김 대리, 어떻게 했으면 좋겠나? 자네의 의견을 묻고 싶네. 이번 안건에 대해 자네가 결정을 내려주면 좋겠네. 자네를 믿어"라고 말해보자. 선택권이 주어지면 책임감이 커지기 때문에 자연히 좀 더 능동적인 자세로 업무에 임하게 되고, 그 결과 일에 대한 능률도 높아진다.

시각화된 자료를 제시하라

아랫사람들과 어떤 일을 도모하기 위해서는 모든 것을 시각화하여 동기를 부여하는 것이 좋다. 사람은 시각, 촉각, 미각, 후각, 청각 등의 감각을 토대로 정보와 접촉한다. 그중 가장 중요한 감각은 시각이다. 왜 그런지는 다섯 가지 감각 중 어느 감각을 잃어버렸을 때 가장 불편할까를 생각해보면 답이 나온다.

항상 직장 동료들에게 신뢰를 주고, 사기를 북돋워주고, 그들의 가슴속에 활기를 불어넣는 데 시각화를 활용해야 한다. 구성원들이 스스로 동기부여를 하는 분위기를 조성하기 위해서는 리더가 확실하게 시각화된 비전을 제시해야 한다. 그렇게 하면 아랫사람은 커뮤니케이션을 하는 데 필요한 자료를 자발적으로 수집하고 헌신적인 열정을 보여줄 것이다.

아랫사람에게 시각화된 자료를 이용해 동기를 부여할 때에도 지켜야 할 사항이 있다. 먼저 다음 예시를 살펴보자.

1 회피 동기를 자극하는 CEO
"이번 달 매출을 20퍼센트 더 증진시키십시오. 그렇지 않을 시에는 여러분들의 월급을 20퍼센트 깎도록 하겠습니다."

2 지향 동기를 유발하는 CEO

"이번 달 매출을 20퍼센트 더 증진시키십시오. 그렇게 하면 여러분들의 월급을 20퍼센트 더 올려주도록 하겠습니다."

물론 업무의 효율은 조건이나 상황에 따라 달라질 수 있다. 하지만 한쪽은 회피 동기를 발동시키고 한쪽은 지향 동기를 발동시킨다. 어떤 쪽으로 선택을 하든 행동은 하게 되어 있지만 업무 의욕을 고취시키려면 지향 동기를 불어넣어 주어서 자발적인 참여를 유도하는 것이 더욱 효과적이다. 조직 구성원들에게 동기부여를 하려면 그들의 마음을 움직여야 한다.

자동차 키와 같은 동기부여의 힘

"당신은 업무에서 가장 큰 동기부여 요인이 무엇이라고 생각하는가?"라는 물음에 CEO 또는 임원진들은 급여만 많이 올려주면 된다고 대답했고, 직원들은 나를 존중해주는 사람들과 같이 일을 할 때 가장 동기부여를 많이 받는다고 답했다. 참으로 아이러니한 상황이다.

3억 원짜리 자동차가 있다고 가정하자. 자동차에서 가장 중요한 것이 무엇인가? 엔진, 자동차 바퀴, 차체, 디자인 등 다양한 의견이 있을 것이다. 하지만 그것보다 더 중요한 것이 있다. 바로 자동차 키다. 자동차 키가 없다면 자동차는 있으나 마나한 무용지물이 되는 것이다. 시동을 걸어야 작동을 할 것 아닌가? 동기부여란 바로 자동차 키와 같은 역할을 한다.

동기부여의 사전적인 의미는 '개인의 행동이 열정적이고 지속적으로 작동되도록 유도하는 내적 힘'이다. 개인의 행동이 어떻게 하면 열정적이고 지속적으로 작동될 수 있는지 지금부터 방법을 한번 알아보자.

1 상대를 인정하고 참여시켜야 한다

"김 대리가 잘해낼 수 있겠어?", "걱정스러운데……, 그래도 할 수 없지, 사람이 없으니. 한번 잘해봐"라고 항상 핀잔을 주면서 일을 시키는 직장 상사가 있다. 이렇게 인정받지 못한 상태에서 프로그램에 동참하면 당사자는 하는 일에 몰입할 수 없게 된다. "김 대리, 역시 최고야. 김 대리만 믿고 있어"라고 말하면서 항상 상대를 인정하고 참여시켜라.

2 상대를 인격적으로 존중해야 한다

상대를 인격적으로 무시하면 그 사람은 하는 모든 일에서 의욕을 잃는다. 상사에게도 자신이 존경하는 사람이 있을 것이다. 아랫사람을 그렇게 대우하라. 그러면 일의 결과에도 엄청난 영향을 미친다.

3 잘한 일을 격려해야 한다

상대에게 열정을 불러일으키는 방법은 잘못한 일에 대해 초점을 맞추기보다는 항상 잘한 것을 칭찬해주고 치켜세우는 것이다. 그렇게 하면 결국 상대는 잘하게 되어 있다. 반대로 계속 못한다고 꾸중하거나 야단을 치면 심리적으로 위축되어 잘하던 것도 못하게 되고 실수한다. 직장 동료나 부하 직원들이 무엇을 잘하는지 유심히 관찰해보자.

진정한 리더는 아랫사람의 단점보다는 장점을 먼저 보고, 그 장점을 어떻게 활용하면 일에 도움이 되는지를 고민한다. 그리고 그 고민에 따라 구성원 각자에게 맞는 동기를 부여하려 애쓴다. 일을 할 때 거기에 열정적으로 매달릴 동기가 있으면 그만큼 성공할 확률도 높아진다. 설사 실패하더라도 끊임없이 개선점을 찾아내려 고군분투하도록 만들 것이다. 성장은 동기부여를 통해서 이루어진다는 말이 있듯이 동기부여를 하지 않으면 그 어떠한 것도 이룰 수 없다.

말하는 사람과 듣는 사람의 심리적 거리를 좁히는 방법	
"잘하십시오." → "잘해봅시다."	
격려를 하는 사람과 격려를 받는 사람이 구분되므로 서로의 심리적인 거리감이나 입장의 차이가 존재한다.	격려하는 사람과 격려를 받는 사람이 동일시되어 비교적 친밀한 느낌을 가질 수 있도록 한다.

칭찬과 꾸중에도 기술이 있다

　직원들이 좋아하고 호감을 가져준다면 상사 자신도 직장 생활이 즐거워질 것이다. 부하 직원과 이야기할 때 어떻게 하면 좀 더 호감을 갖게 할지, 어떻게 말하는 상사를 원하는지, 그리고 효율적인 일 처리를 위해서 어떤 말을 해야 하는지 그 방법을 안다면 직장 생활이 좀 더 원만해질 것이다.

　일을 하다 보면 아랫사람이 일을 완벽하게 처리해 기분이 좋을 때도 있고, 제대로 처리하지 못해 화가 날 때도 있다. 아랫사람이 일을 완벽하게 처리한 경우, 그의 성과를 무조건 치켜세우기만 하면 그는 자만심에 빠져 상사를 무시할 수도 있다. 반대로 부하 직원이 자신의 자리를 위협하는 존재가 될까 두려운 나머지 그의 성과를 덮어버리거나 자신이 빼앗으려 하면 그는 당신을 적으로 생각하게 된다. 아랫사람이 일을 제대로 처리하지 못해 화가 났을 때 변명할 기회조차 주지 않고 무조건 꾸중만 한다거나, 별다른 언급 없이 그냥 넘어가려 한다면 결국 원만한 관계 속에서 일할 수 없게 된다. 이제부터 부하 직원의 사기를 높이는 칭찬과 꾸중의 기술을 살펴보자.

사람은 칭찬받는 대로 행동한다

세상에 칭찬을 받아서 싫어할 사람이 있을까? 진심 어린 칭찬은 상대의 자긍심을 높여주고, 서로에 대한 친밀감을 이끌어내 관계를 더욱 돈독하게 해준다. 물론 상대를 칭찬하기 어려운 때도 있다. 그렇지만 누구나 장점 하나쯤은 갖고 있기 마련이므로 조그마한 것이라도 상대의 장점을 찾아 표현하면 상대는 어느새 자신의 사람이 되어 있을 것이다.

일찍이 미국의 철학자 존 듀이(John Dewey)는 "사람들은 칭찬받고 싶은 본성 때문에 유명해지고 싶어 한다"고 말했다. 이처럼 누구나 내면에 칭찬받고자 하는 본능이 꿈틀대고 있다. 이러한 사람의 심리를 안다면 사무실에서 부하 직원을 대할 때 질타보다는 칭찬부터 하는 모습을 생활화하자.

아랫사람이 업무 보고를 할 때 성과 여부에 상관없이 "정말로 잘

했습니다", "좋은 생각인데요", "아주 설득력이 있습니다" 등의 말로 상대의 의욕을 높이는 칭찬을 하는 것이 중요하다. 부하 직원이 잘한 일이 있다면 격려하고, 못한 일에 대한 언급은 되도록 자제하자. 인간은 본래 감정에 의해 움직이는 동물이기 때문에 칭찬으로 부하 직원의 의욕을 고취시키면 일의 능률도 덩달아 높아질 것이다.

하지만 칭찬도 과하면 독이 될 수 있다. 세상만사 지나치면 모자람만 못하다. 여자는 대부분 '예쁘다'는 칭찬을 좋아한다. 그렇다고 해서 뚱뚱한 여직원에게 "자네는 너무 날씬하고 예쁜 것 같아" 하고 말하면 여직원은 '지금 나를 놀리는 건가' 하고 생각해 오히려 불쾌감을 느낄 것이다. 상황에 맞지 않는 부적절한 칭찬은 부하 직원의 불신을 싹트게 한다는 이야기다.

때론 지나친 칭찬이 아랫사람의 발전 가능성을 막기도 한다. 일을 못하는 아랫사람에게 무조건 잘한다고만 하면 그는 영원히 자신의 실력을 알지 못한 채 발전할 기회조차 잃게 된다. 그런 상황이 계속되면 결국 회사는 그 직원을 해고할 것이다. 회사는 절대 일 못하는 직원에게 계속해서 돈을 지불하지 않는다. 회사는 이익 창출을 목표로 모인 집단이지 자선단체가 아니다. 따라서 못한 일에 대해서는 어느 정도 질책할 필요가 있다. 물론 여기에도 효과 만점의 기술이 있다.

상대를 배려한 꾸중은 진심을 얻는다

부장이 부하 직원들이 다 보는 데서 오늘도 과장을 야단치고 있다.

"자네 또 이렇게 일을 하면 어떻게 하나! 정말 한심하구먼. 정신 못 차리고 말이야. 부하 직원들이 뭘 보고 배우겠나?"

당신이 과장이라면 지금쯤 어떤 기분일까? 과장은 보기 좋게 한 방 먹고 씩씩거리며 입을 삐쭉 내밀고 하루를 불평, 불만으로 시작하게 될 것이다. 이러한 광경을 지켜본 사원들은 우리도 조심해야지 하면서 괜히 불똥이 튈까 봐 몸을 사리고, 부장에게 야단을 맞은 과장을 한심하고 우습게 생각할 것이다. 군대라는 특수 조직이나 생명과 직결된 일을 한다면 본보기를 보이기 위해 아랫사람이 모인 자리에서 상급자의 잘못을 꾸짖을 수도 있지만 직장이 그런 곳은 아니지 않은가?

부하 직원은 상사가 그보다 더 높은 임원에게 꾸지람을 듣는 모습을 보면 자연스레 상사의 능력을 의심하고, 점점 상사의 지시를 무시하는 태도를 보이기 쉽다. 이것이 바로 부하 직원의 심리다. 따라서 부장은 과장의 잘못을 문책하고 싶다면 후배들이 보지 않는 곳으로 조용히 데려가 니킥을 날리든 어퍼컷을 날리든 해야 할 일이다.

그렇다면 상대의 잘못을 질책하고 싶거나 상대의 행동에 문제가 있다면 어떤 식으로 말하여 고쳐줄 수 있을까?

질책을 할 때는 첫마디가 가장 중요하다. 첫마디를 어떻게 하느냐에 따라 상대가 느끼는 감정 상태가 달라지기 때문이다. 첫마디에 다음과 같은 말을 한다면 그 뒤에 아무리 듣기 좋은 이야기를 한다고 해도 상대는 이미 감정에 상처를 입었기에 뒷말이 귀에 들어올 리 만무하다.

"이 과장, 이런 식으로밖에 일 못해!"

"실적이 이게 뭔가?"

"그러게 내가 몇 번이나 말했나!"

이렇게 말하기 전에 만약 부하 직원을 질책하거나 잘못을 지적해주고 싶다면 "요즘 무슨 고민 있나?"라고 말해보자. 그렇게 하면 잘못된 일에 대한 이유를 들어볼 수 있고, 스스로 잘못을 인정하게 할 수 있다.

만약 상대가 "요즘 고민 없는데요"라면서 반성하는 기미 없이 퉁명스럽게 말한다면, 왜 그런 행동을 하는지 이유를 물어보아야 한다. 부하 직원이 하는 모든 행동에는 다 그만한 이유가 있기 마련이다.

그렇다면 아랫사람이 왜 그러한 행동을 했는지 이해가 되지 않아서 그의 본질적인 의도를 알아내고 싶을 때는 어떻게 말하는 것이 좋을까?

"도대체 왜 그러는거야", "지금 제정신이야?", "나한테 뭐 불만 있나?"라고 자신이 느낀 감정을 그래도 표출하면 부하 직원은 자신이 왜 그러한 행동을 하게 되었는지 본질은 숨긴 채 적당한 이유를 들이대며 순간을 모면하려고만 할 것이다.

부하 직원의 행동에 대한 진정성을 알아보고자 한다면 먼저 그가 회사나 자신에게 불만을 갖고 있지는 않은지, 자신이 그에게 잘못을 저지르지는 않았는지 물어보아라. 그 말을 듣는 순간 아랫사람은 '무슨 말이지? 내가 잘못을 저질렀는데 왜 질책을 하지 않고 오히려 자신을 탓하는 거지?' 하고 생각해 자신의 잘못을 더 크게 느끼게 된다. 상대가 자신의 잘못을 인정하면 "누구나 그러한 실수를 할 수 있다"고 말하면서 두 번 다시는 이러한 일이 반복되는 일이 없어야 한다는 경고의 메시지를 전하는 것도 잊지 말아야 한다.

말을 할 때에는 호칭에도 신경을 써야 한다. '자네', '너', '당신' 등의 이인칭 주어를 사용해서 꾸중을 하면 상대는 공격받는다는 느낌을 강하게 받는다(You-message). 하지만 '나'라는 일인칭 주어를 사용해서 꾸중하면 오해 없이 상사로서의 입장과 감정을 충분히 전달할 수 있다(I-message).

앞으로 어떤 식으로 행동해야 하는지 대안까지 제시해주고 해결책을 마련해주면 상대는 자신의 잘못을 뉘우치고 다음부터 말과 행동에 책임을 지려는 자세를 보이게 된다.

부하 직원을 잘 이끌기 위해서는 당근과 채찍을 적절히 사용할 줄 알아야 한다. 어떤 상사는 일 잘하는 직원이 일을 더 잘하게 만들기 위해서는 칭찬보다는 자극이 되는 비판을 하고 점점 어려운 업무를 주어 끊임없이 테스트해야 한다고 말하지만, 그럴 경우 부하 직원은 자신이 한 일에 대한 성취감을 느끼지 못해 결국 지치게 된다.

마찬가지로 일을 못하는 직원에게 칭찬만 한다면 자만심이 생겨서 '난 아무렇게나 해도 항상 칭찬만 받으니까', '난 원래 잘해' 하는 생각에 일을 대충 해버리게 될 것이다. 유능한 상사는 일을 잘하는 직원의 사기를 북돋아 더 잘하게 하고, 못하는 직원의 숨겨진 능력을 이끌어낼 줄 아는 사람이다.

You-message	I-message
❶ 일방적 해결책을 제시하는 말투 "자네, 오늘 오후까지 반드시 이걸 제출하게 해야 해." "어떻게든 시간 맞춰와! 안 그러면 큰일 날 줄 알아!" ❷ 상대에게 좌절감을 줄 수 있는 말투 "그 실력가지고 어디 명함이나 내밀겠어!" "전임자는 알아서 척척 잘만 하던데, 자네는 왜 그런가?"	❶ "네가 약속 시간에 늦으면"(상대의 구체적인 행동) ❷ "네가 올 때까지 난 계속 기다려야 하잖아."(상대의 행동이 나에게 미친 영향) ❸ "그러면 걱정이 돼서 아무것도 할 수가 없어."(영향 때문에 생긴 솔직한 감정)

부하 직원의 비판에
유연하게 대응하라

중국에 태산이라는 산이 있다. 정말 큰 산이라고 한다. 하지만 그 산이 그렇게 되기까지 자기 마음에 드는 돌, 깨끗한 돌, 예쁜 돌만 모았다면 조그마한 언덕밖에 되지 못했을 것이다. 태산이 그렇게 큰 산이 될 수 있었던 이유는 예쁜 돌뿐만 아니라 마음에 들지 않고 부서진 돌, 못생긴 돌, 구멍 난 돌 등 다양한 돌을 모두 모았기 때문이다.

상사들은 염두에 두어야 할 이야기다. 자기 마음에 들고 잘 따르는 동료나 후배와 어울리기만을 좋아하면 크게 성공할 수 없다. 자신의 의견에 항상 반대 의견을 제시하는 부하 직원이 훗날 진정한 조언자가 될 수 있다.

상사라는 자격지심을 버려라

어느 부하 직원이 자신의 의견에 반대 의견을 내세웠고, 누가 봐도 그의 말이 옳다는 것이 확실했다. 순간 당황한 상사는 놀란 기색을 감추고 자신도 그런 생각을 해보지 않은 것은 아니라면서 자신이 내놓은 의견에 대한 부연 설명인 양 부하 직원의 의견을 끼워 넣어 은근슬쩍 그 순간을 넘어가려고 했다든가, 잘못된 의견은 자신이 낸 것이 아니라 사실 다른 동료나 윗사람의 지시였다고 슬쩍 떠넘겼다면, 그런 행동을 부하 직원은 백발백중 눈치챈다.

주위 환경과 남 탓만을 계속하는 이런 유형의 상사는 결점을 고치는 데 에너지를 쏟는 대신 변명이나 자기 합리화를 위한 핑곗거리를 찾거나, 남의 단점을 파헤치는 데에만 에너지를 쏟는다. 변명은 순간의 위기를 모면하기 위한 핑계일 뿐 문제를 해결하는 데 아무런 도움이 되지 않는다. 그리고 이런 성향의 사람들은 결국 호미로 막을 일을 가래로 막아야 할 정도로 크게 키운다.

그렇다면 과연 자신의 의견에 심각한 문제가 발견되었을 때 훌륭한 상사는 어떻게 말을 할까? 위기 다음에는 기회가 온다는 말을 많이 들어봤을 것이다. 따라서 자신의 의견에 문제점이 발견되면(자신이 먼저 발견하든, 다른 사람이 알려주든 상관없이) 자신이 앞장서서 직장 동료나 부하 직원들에게 그 사실을 알리고 원인을 분석하는 회의를 열자고 제안해야 한다.

대부분의 상사들은 우월감에 빠져 무슨 일이든 자신이 부하직원보다 잘해야 한다고 생각한다. 그들보다 경험이 더 많기 때문에 더 많이 알고 있는 게 당연하고, 그래야 권위가 선다는 생각 때문이다. 이러한 강박관념이 심해지면 스스로 스트레스를 만든다.

상사라고 해서 무엇이든 부하 직원보다 많이 알 수는 없다. 앞에서도 말했듯이 사람은 누구나 실수를 하고 실패를 한다. 그러한 실수를 최소화하기 위해서는 자신이 알고 있는 지식이 확실하다는 생각을 버리고 다른 사람의 의견을 능동적으로 수용할 필요가 있다.

명령을 내릴 때 부하 직원들이 순종적으로 잘 따른다고 해서 그들이 상사의 생각에 동의할 것이라는 생각은 버려라. 그들은 상사의 지시에 동의해서 따르는 것이 아니라 불편한 일을 만들고 싶지 않아서 동의하는 척한다. 혹은 승진에 문제가 생길까 두려워 절대로 상사에게 싫은 내색을 하지 않는 것뿐이다. 또 그들은 자기 몸 사리기에 급급하기 때문에 항상 상사의 의견에 칭찬을 아끼지 않는 것이다.

상사가 싫어할 것이라는 사실을 뻔히 알면서도 자신의 의견을 당당히 피력하는 사원이 회사에서 필요로 하는 진짜 인재다. 따라서 자신의 의견에 반대 의견을 내놓거나 실현 가능성에 대해 집요하게 추궁하는 사원이 있다면 그들의 의견을 묵살하지 말고 경청하자. 좋은 의견이나 비판이라면 겸허히 수렴하여 실행하도록 해야 그들은 계속해서 창의적인 생각을 내놓을 것이다. 부하 직원의 말이라고 무조건 무시한다면 아랫사람은 회사를 위한 기발한 착상이 있더라도 말하지 않을 것이고, 나중에는 생각조차 하지 않을 것이다. 유한킴벌리의 이덕진 회장은 자신의 인재 경영관에 대해 다음과 같이 말하기도 했다.

"머리는 돈으로 사지만 마음은 돈으로 살 수 없습니다. 직원들은 돈 주고 사는 노동력이 아닙니다. 우리 가족이자 경쟁력의 원천입니다. 그들의 손과 머리, 가슴을 다 활용할 수 있을 때 우리의 경쟁력은 최고가 될 수 있습니다."

그의 말처럼 직원은 단순히 사장의 말을 수동적으로 따르기만 하는 존재가 아니다. 상사가 먼저 부하 직원을 배려하고 그들의 창의성에 날개를 달아줄 때, 완성도 있는 일을 진행할 수 있고, 그것은 결국 회사의 이익에 도움이 될 것이다.

아랫사람의 동의를 이끌어내는 설득법

의견을 낼 때 부하 직원에게 동의를 이끌어내는 적절한 방법은 무엇일까?

1 부하 직원이 처한 상황을 이해한다

상대방의 입장을 정확하게 헤아리고 이해한다면 그의 동의를 얻는 데 반은 성공한 것이다. 상대방의 입장에 서라고 하면 건성으로 생각하는 사람들이 있다. 진심으로 그 사람이 되어 보고 왜 그러한 말과 생각과 행동이 나올 수밖에 없었는지 먼저 이해하라. 그리고 자신이라도 충분히 그럴 수밖에 없었을 것이라고 말하며 공감대를 형성하면 상대의 지지를 이끌어낼 수 있다.

2 상식을 들먹이지 않는다

내가 알고 있는 이야기가 내 상식이고 상대가 알고 있는 것이 상대의 상식이다. 계속 상식을 들먹이면서 이야기하는 상사가 있다. "김 대리, 상식적으로 생각을 해봐. 그게 말이 된다고 생각해?", "길 가는 사람한테 다 물어봐"라는 식으로 아랫사람에게 이야기를 하면 상대는 그 말 한마디에 기본이 안되어 있는 사람으로 몰려 모멸감을 느낀다. 부하 직원을 리드하고 싶다면 그러한 말버릇부터 고쳐라.

3 코치가 되려 하지 않는다

설득을 할 때 상대를 가르치려 하는 사람들이 있다. 일을 하는 방식에는 누구나 차이가 있기 마련인데 이런 상사들은 항상 자신이 해오던 방식이 최고인 양 부하 직원도 그렇게 하기를 강요한다. 코치가 아닌 조언자가 되어라.

4 듣는 사람에게 중요한 말을 해야 한다

설득을 하는 사람이 중요하게 생각하는 것만 무조건 강조하고자 해서는 안 된다. 무엇보다 듣는 사람이 자신의 생각과 마찬가지로 그 일을 중요하게 생각하게 해야 한다. 따라서 아랫사람에게 업무 지시를 할 때에는 상대가 왜곡 없이 받아들일 수 있도록 그 일에 대한 보편타당한 근거를 제시해야 하며, 그 근거가 어떤 데이터에 기반을 둔 것인지 미리. 제시해야 한다. "이번에 하는 일이 회사 매출 신장에 상당히 도움이 될 걸세. 그리고 잘만 된다면 자네의 공적도 인정받을 수 있을 거야" 등의 말로 상대의 의욕을 드높이는 설득 화법을 써보자.

5 설득에도 타이밍이 있다

부하 직원을 이끌 때 상황에 맞게 말하는 것이 필요하다. 상대가 바쁜 상황인지 아니면 느긋한지, 기분이 좋은지, 짜증이 나 있는지 상대의 기분을 먼저 파악해두는 것이 중요하다. 요즘 직원들은 상사라고 해서 무조건 따르지 않는다. 지금 한창 바쁜 부하 직원에게 바쁘지 않은 다른 일을 들먹이며 설득하려고 하면 그는 분명 속으로 '아, 짜증 나. 바빠 죽겠는데 중요하지도 않은 일을 꼭 지금 말해야겠어?' 하고 생각할 것이다. 상사도 눈치가 있어야 인정받는다는 사실을 명심하자.

나도 좀 가르쳐주게

어느 직장에나 까칠한 부하 직원이 있기 마련이고 그로 인해 스트레스를 받는 상사 또한 많다. 누구나 살아가면서 어떤 일이 있어도 절대 굽힐 수 없는 것 하나쯤은 마음속 깊이 간직하고 있다. 그것을 지키는 것이 바로 자존심이다. 그러나 상사들이 부하 직원 앞에서 내세우는 자존심은 대부분 쓸데없는 것들이다. 쓸데없는 자존심은 모두 버려라.

까칠한 부하 직원에게는 가르치려고 하기보다 좀 더 우회적인 방법으로 접근해야 한다. 그 부하 직원이 무엇을 잘하는지, 어떠한 것에 관심이 있는지를 미리 체크하고 적절한 상황이 오면 가르쳐달라고 말하는 것이다.

부하 직원이 낚시에 흥미가 있다는 것을 안 상사가 업무에 대한 이야기를 하기에 앞서, 낚시 이야기를 꺼내면 직원은 상사와의 대화에 흥미를 느끼게 될 것이다.

"우연히 자네가 낚시 마니아라는 소식을 들었어. 나도 꽤 낚시에 관심이 있고 낚시를 좋아하기는 하지만 좀 서툴러서 말이야. 이번에 낚시를 하러 가려고 하는데 자네가 좀 가르쳐주겠나?"

이렇게 대화를 시작하면 부하 직원은 금세 우쭐해져서 "낚시를 처음 시작하면 힘든 점이 많이 있습니다. 낚시를 잘하려면 우선 이렇게 해야 합니다" 하면서 낚시에 대한 개인적인 경험담을 털어놓기 시작한다. 부하 직원은 관심 있는 화제에 대해 계속해서 말을 이어나가고 상사는 "우와, 자네는 낚시에 대해서 모르는 것이 없군. 정말 대단해!"라는 칭찬과 감탄을 아끼지 않고 그가 하는 이야기에 고개를 끄덕이며 맞장구를 쳤다면 그 다음 무슨 일이 벌어질까?

며칠 후부터 그렇게 까칠하게 굴던 부하 직원이 상사에게 조금씩 호의적인 태도를 취하기 시작한다. 왜 그렇게 되었을까? 여러 가지 이유가 있을 수 있겠지만 그중에서도 자세를 낮춰 자신이 하지 못하는 것을 스스럼없이 알려달라고 하는 상사의 모습에서 인간적인 정을 느낀 것이 가장 클 것이다. 상사와 부하의 관계가 아니라 동질감을 느끼는 것이다.

상사의 능력은
결국 리더십에 달렸다

    결과에 책임을 지지도 못하면서 무조건 "나만 믿어"라고 큰소리 치는 상사가 있다. 유능한 리더들은 자신을 믿어달라는 소리를 잘 하지 않는다. 자신을 믿어달라고 강조하는 사람들은 자신감이 없기 때문에 말로 떠드는 것이다. 진정 자신 있는 리더들은 속으로 '자신 있다'는 소리를 되뇔 뿐, 상대가 나를 믿고 안 믿고는 중요하게 생 각하지 않는다. 자연히 사람들이 따르기 때문이다.

    자신의 과오나 불찰에는 관대하면서 다른 사람을 비판하고 비난 하기를 즐기는 사람들이 있다. 진정한 리더는 아랫사람의 과오를 비난하기 전에 자신이 불찰을 저지르지 않았는지 염려하고, 이를 개선하기 위해 노력하며 무슨 일이든 솔선수범하는 자세를 취한다. 21세기 정보공유화 시대에 들어오면서부터는, 말 한마디가 곧 법이고 행동 하나하나가 철두철미하며 권위적인 말로 사람들을 제압하는 독재자 스타일은 더 이상 힘을 얻지 못하고 있다.

자신이 한 말은 무조건 지킨다

아랫사람을 이끌기 위해서는 상사 스스로 자신의 말에 책임을 져야 한다. 설령 아랫사람에게 부득이하게 거짓말을 했다 하더라도 자신이 한 말을 지키기 위해 노력해야 한다.

부하 직원이 "업무 보고를 언제 해야 할까요?" 하고 물어보면 습관적으로 "조만간에"라고 대답하는 상사가 있다. 그런 어정쩡한 말들은 신뢰 관계를 해치고 믿음을 주지 못하므로 고쳐야 한다. 아랫사람도 나름의 스케줄이 있는데, '조만간에' 업무 보고를 하라는 상사의 모호한 표현을 듣고 어떻게 업무 스케줄을 효율적으로 분배할 수 있단 말인가.

많은 직장인이 확실한 방향 감각을 가지고 솔선수범하는 리더와 일하고 싶어 한다. 즉 부하 직원이 열정적으로 일하기 원한다면 당신이 먼저 열정적인 자세로 업무에 임하고, 그들이 지각을 하지 않기를 바란다면 그들보다 먼저 출근해야 한다. 자신은 매일 지각을 밥 먹듯이 하고 업무 시간에 사우나에 들락거리면서 아랫사람에게 업무 시간에 집중하라고 다그친다면 누가 그런 상사를 신뢰하고 존경하겠는가.

일을 할 때도 마찬가지다. 오전 회의 시간에 결정된 사안을 바탕으로 부하 직원에게 업무 지시를 내렸다고 하자. 그런데 오후에 전혀 다른 지시를 내린다면 오전 내내 부하 직원이 한 일은 수포로 돌아간다. 이런 일이 한두 번 반복되다 보면 아랫사람은 이제 상사를 신뢰하지 않게 된다. 어차피 지시 내용이 달라질 것이라면 열심히 일할 필요가 없을 것이라고 생각하기에 이른다. 그리고 상사의 업무 지시가 자주 바뀌면 아랫사람은 당연히 그를 무능력하다고 여겨 무시하기까지 한다.

따라서 아랫사람에게 지시를 할 때에는 사전에 지시 내용을 꼼꼼히 살펴 업무에 가장 효율적인 방법인지 판단해보고, 그 후에 정확하고 구체적으로 지시를 내려야 한다. 설사 그 지시가 좋지 않은 결과를 초래했더라도 자신이 내린 지시의 오류를 깨끗이 인정하는 것이 상대를 자신의 편으로 만드는 방법이다.

자기 관리를 철저히 하라

성공한 리더들의 특징을 보면 외적으로는 인상이 좋고 깔끔하며, 내적으로는 미래지향적인 사고를 한다. 다시 말해 성공한 사람들은 대개 어제의 일을 걱정하기보다는 내일의 희망을 생각하며 살아간다. 언제 어디서든 부정적인 생각의 원천을 잘라버리고 낙천적으로 생각하는 것이 그들이 성공할 수 있었던 가장 큰 비결이다.

이런 사람들은 또한 자기 관리에 철저하다는 공통점이 있다. 미래지향적이기 때문에 지금 자신이 해야 할 일이 무엇인지 파악하고, 그것을 이루기 위해 자기 자신을 채찍질하기 때문이다. 여기서 자기 관리란 건강 관리, 사람 관리, 돈 관리 등 다양한 것이 있는데, 성공한 사람들은 어느 것 하나 소홀함 없이 철저하게 관리하는 것이 기본이기 때문에 외적으로나 내적으로 긍정적인 분위기를 풍기게 되는 것이다.

회사에서 팀을 이끄는 상사라면 모두에게 모범이 되어야 한다. 모범적인 상사의 이미지는 그냥 주어지는 게 아니라 철저한 자기 관리에서 비롯된다. 아랫사람은 술이 덜 깬 얼굴에 후줄근한 차림으로 출근하는 상사를 좋아하지 않는다. 그리고 몸이 좋지 않다는 이유로 다른 사람에게 일을 미루며 자기만 조기 퇴근하는 상사 역시 좋아할 리 없다. 여기에 업무 능력까지 떨어지는 상사라면 더 이상 말할 필요도 없다. 회사에서는 '아픈 것도 죄'라는 우스갯소리가 있다. 다른 사람때문에 본인의 일이 가중되는 것을 바라지 않기 때문이다. 상사라고 해서 예외는 아니다.

따라서 아랫사람을 잘 이끄는 리더로 인정받고자 한다면 평소에 꾸준히 건강을 관리하고, 외모를 꾸미며, 업무와 관련한 새로운 지식을 쌓는 등의 노력을 게을리해서는 안 된다. 최근에는 40~50대만 돼도 직장에서 설 곳이 없어진다. 그보다 젊고 능력 있는 인재가 많기 때문이다. 한 회사에 오래 있었다고 해서 그 시간만큼 전문성이 높아지는 것도 아니다. 모든 일은 결국 자신의 노력 여하에 따라 본인의 가치가 얼마든지 달라진다는 얘기다.

자기는 아무것도 하지 않으면서 모든 일을 아랫사람에게 지시하고 강요하는 관리자는 오래가지 못한다. 결국 존경받는 상사는 꾸준한 자기 관리를 통해 희망적인 미래를 현실로 만드는 사람이다.

섬기는 리더가 되어라

직장에서 존경받는 상사의 유형이 있다. "제가 할게요", "제가 먼저 보여드리겠습니다", "도와 드릴일 없나요?"라는 말을 빈번하게 하고 행동으로 모범을 보이는 서번트 상사가 바로 그런 사람이다. '섬김의 리더십'이라고도 하는 이것은, 봉사의 관점에서 타인과 신뢰 관계를 구축하기 위해 헌신하는 리더십을 뜻한다. 경영학자인 로버트 그린리프가 헤르만 헤세의 소설 『동방으로의 여행』에서 아이디어를 얻어 제시한 개념이다.

이런 유형의 상사는 항상 자신을 희생하며 말 한마디도 신중하게 하고, 자신의 모든 역량과 가치를 남을 위해 베풀고 희생하며 살아가는 데 보람을 느낀다. 그러한 행동이 밑바탕 되기 때문에 그들이 내뿜는 말의 위력 또한 상당할 수밖에 없다.

이를 위해서는 회사 경영진들이 마인드 혁신을 주도해야 한다. 요즘은 회의 테이블도 상석이 없는 원형으로 대체하고 있다. 이 둥근 테이블에서 회장, 직원, 임원 등 모두 자기가 앉고 싶은 자리에서 수평적인 관계로 자유롭게 자신의 의견을 이야기한다. 상사라고 해서 무조건 아랫사람에게 커피 심부름을 시키는 시대가 아니라는 말이다.

이는 모든 직급 간의 권위를 허물어 유연한 조직을 만들기 위해서다. 서번트형 리더는 팀워크를 중시하는 요즘 트렌드와 부합해 공동체에 기초하고, 다른 사람의 의견을 경청하며, 상대를 배려한다. 한마디로 진정한 리더는 독재자가 아닌 팀의 조율자가 되어야 한다는 말이다. 조율자의 입장에서 팀원들에게 적절하게 권한을 위임하면 팀원들이 가진 자원을 개발하고 전문성을 극대화할 수 있다.

따라서 일단 팀원들에게 권한을 위임한 후 그들에게 임무를 달성할 수 있다는 확신을 심어주고, 상황에 따라 추가적인 조언을 취하는 방식으로 그들을 돕는다면 리더와 팀원 모두에게 도움이 될 것이다. 팀원들은 자발적으로 업무에 매진함으로써 스스로의 역량을 키울 계기를 찾을 것이고 리더 역시 자신의 리더십 역량을 향상시킬 기회를 얻는 셈이다.

결국 참된 동기를 가지고 서번트가 되어 직장 내에서 섬김과 신뢰를 실천하면 어느 순간 사람들을 이끄는 리더가 되어 있을 것이다. 이는 일의 효율을 높이는 동시에 인간적인 존경까지 얻는다.
자, 이제 진정한 리더가 되고자 한다면 아랫사람을 배려하고, 그들
이 업무 성과에 대한 확신을 가질 수 있도록 끊임없이 동기를 부여
하며 항상 솔선수범하는 자세를 취하라.

당신의 리더 지수는?

유능한 직장 상사로서 당연히 갖추어야 할 지수를 알아보자. 먼
저 똑똑하고 유능한 지능지수(IQ)를 가져야 한다. 이를 위해 항상
공부하고, 지능 계발을 위해 노력하는 모습을 보여주어야 한다.

그리고 후배들에게 감성적인 메시지를 잘 전달하기 위해서는 감
성지수(EQ)가 높아야 한다. 상대의 표정만 봐도 오늘 기분 상태를
파악할 수 있어야 하고 대화를 통해 상대의 감정 상태를 읽을 수 있
는, 감성지수가 높은 사람이야 말로 이 시대 최고의 직장 상사라고
할 수 있다. 또한 사람이라면 당연히 지켜야 할 도덕 지수(MQ)가 높
아야 한다. 열정을 가지고 평생을 노력하고도 한 번의 실수로 모든
것을 잃어버리는 경우가 허다하다는 사실을 안다면 리더로서 그리
고 직장 상사로서 항상 도덕적인 책임을 저버리지 않도록 자신을
채찍질할 필요가 있다.

여기에 언제나 1등 키워드를 빨리 개발하는 것이 중요한 사회인

만큼 개발 지수(DQ)가 높아야 한다. 그 밖에 열정 지수(PQ)와 카리스마 지수(CQ) 등이 따른다면 유능한 리더라고 할 수 있다. 당신은 리더 지수를 얼마나 갖고 있는가?

노트를 펼치고 자신의 리더 점수를 매겨서 크게 써보자.

역사상 가장 말을 잘하고 사람을 잘 다룬다고 호평이 난 카네기.

그는 스코틀랜드에서 태어나 미국으로 이민을 간 후 지저분하고 힘든 일부터 시작하여 카네기 철강회사를 설립하고 철강왕이라고 불릴 정도로 철강 사업을 확장시켰다. 은퇴한 후에는 자신의 재산을 사회에 환원하는 데 마지막 정열을 불태웠다. 앤드류 카네기 주변에는 늘 사람들이 뒤따랐고, 그들은 늘 존경하고 감사하는 마음을 갖고 있었다.

세계 각지의 경영진과 사람들이 찾아와서 카네기에게 물었다.

"당신은 어떻게 그렇게 말을 잘하고 사람들을 잘 다루는지 제발 그 비법 좀 가르쳐주십시오."

그러자 그가 자신의 비법을 공개했다.

"저, 앤드류 카네기는 평생토록 이 말만 했습니다. 그것은 바로 '좀 가르쳐주세요' 입니다."

처음 만나거나 다시 만나더라도, 나보다 직위가 높거나 낮더라도, 경험이 많거나 적더라도, 학벌이 높거나 낮더라도, 나이가 많거나 적더라도 이 말밖에 하지 않았다고 한다. 그는 이 한마디가 자신의 인생을 바꾸어 놓았다고 했다.

자신의 능력에 항상 부족함을 느끼며 매번 배우려는 자세로 다른 사람들을 진심으로 대했던 그의 주위에는 사람들이 넘쳐났다. 이 시대 사람들은 매일같이 사람들을 만나면 가르치려고 애쓰고, 좀 더 아는 척, 유식한 척 떠들어대고 싶어 한다. 지금부터 그런 태도를 버리고 상대에게 무언가를 배우려는 자세를 취해보자. 겸손한 태도는 어떤 조직원에게든 통하게 되어 있다.

많은 직장인들이 상대의 의견을 경청하는 대신 자신의 의견만을 내세우려 하기 때문에 여러 가지 문제가 발생한다. 작은 일에 일일이 자존심을 내세우다 보면 큰일을 망친다. 까칠한 부하 직원이 아니더라도 누군가를 설득하고 싶다면 "저에게도 좀 가르쳐 주세요"라는 말 한마디를 아끼지 말아야 할 것이다. 이 한마디의 말이 바로 평범했던 앤드류 카네기를 철강왕으로 만든 원동력이었다.

Part **5**

윗사람은 이런 부하 직원을
좋아한다

자네, 지금까지 나와 함께 일을 진행해왔으면서 프레젠테이션 하나 제대로 못하나?

그게… 프레젠테이션은 원래 부장님이 하기로 되어 있지 않았습니까?

아무리 그래도 그렇지. 지금까지 일하면서 구체적인 판매 전략이 뭔지 제대로 몰랐다는 게 말이 되나? 회사가 놀러 다니는 곳인 줄 알아!

갑자기 발표를 하라고 하니 너무 긴장하는 바람에……, 죄송합니다.

그러게 평소에 업무 파악을 제대로 해 놨으면 이런 일도 없지 않은가! 꼭 시켜야만 준비하는 거야?

직장 생활은 상사가 당신을 어떻게 바라보느냐에 따라 결정된다.
당신이 아무리 열정적이고 순수한 동기를 가지고 있다고 하더라도
상사가 몰라주면 당신의 직장 생활은 실패한 것이다.

01

업무 보고에도
남다른 능력이 필요하다

　회사 내에서 업무 보고를 하는 것은 기본 중의 기본이다. 상사에
게 인정을 받기 위해서는 재촉당하기 전에 보고해야 한다. 특히 일
의 진행이 늦춰질 경우라면 가능한 빨리 어느 정도 늦어질지 상사
에게 알려라. 잘되고 있는 일은 물론이고 잘되고 있지 않은 일에 대
해서도 성심성의껏 보고해야 한다는 말이다. 잘되고 있는 일을 상
사에게 보고함으로써 자신의 능력을 어필하고, 잘되고 있지 않을
일을 빨리 보고함으로써 그 결과를 고스란히 혼자 책임져야 하는
불상사를 막고, 후에 있을 피해를 상사와 함께 고민하여 반성과 발
전의 계기로 삼아야 한다.

　촌각을 다투며 바쁘게 돌아가는 경영 현장에서 CEO들은 일일이
정식 보고를 받을 시간이 없다. 만약 CEO의 바쁜 일정 때문에 프레

젠테이션을 할 수 없는 상황이라면 짧은 시간에 간략하면서도 강렬하게 보고해야 한다.

간결하면서도 조리 있는 보고 능력이 타고난 순발력에서만 기인된 것은 아니다. 오히려 커뮤니케이션 컨설턴트들은 꾸준한 준비와 연습을 통해서 기를 수 있는 능력이라고 말한다. 링컨이나 처칠, 최근의 오바마 대통령에 이르기까지 명 연설가들의 말은 준비를 잘한 덕분에 정리가 되어 있고 군더더기가 없다. 이제부터 그들의 스피치 능력을 내 업무 보고에 활용해보자.

상사의 속뜻을 읽어라

보통, 사람들은 어떻게 하면 짧고 간결하게 보고할 수 있는지 그 구체적인 요령을 잘 알지 못한다. 핵심이 되는 메시지는 보고서의 유형이나 상사에 따라 조금씩 다르게 작성해야 한다. 중요한 것은 상사가 이 보고서를 통해 가장 알고 싶어 하는 것이 무엇인지, 혹은 상사가 어떤 내용에 가장 흥미를 갖고 있는지를 파악하는 일이다. 보고자의 입장에서 가장 중요한 것이 아니라 보고받을 상사의 입장에서 가장 핵심적인 것이 무엇인지를 파악해야 한다는 말이다.

요즘은 현장 경영이 중시되고 있는 추세이기 때문에 임원들이 직접 현장에 나가 직원과 소통하는 경우가 많아졌다. 보통 직원들은 갑자기 방문한 임원이 던지는 질문 자체를 부담스러워 한다. 또한 상사가 던지는 질문은 일상적인 것 같으면서도 답하기 애매한 것이 많다. CEO나 임원진이 업무와 관련되지 않은 듯한 질문을 하더라도 대답은 언제나 업무와 관련된 것으로 하는 것이 바람직하다. 상사들이 일상적인 질문을 건네더라도 실제로는 업무 중심적으로 사고하고 있을 가능성이 크기 때문이다.

예를 들면 "요즘 어때?"라는 질문의 속뜻은 "지금 하고 있는 업무가 무엇인가?"일 가능성이 높으며, "요즘 어떻게 지내나?"라는 질문 역시 "지시한 일은 잘하고 있나?"라는 말로 들어야 한다. 따라서 "요즘 어때?"라는 질문에는 현재 자신이 어떤 일을 하고 있는지 설명하고, "요즘 어떻게 지내나?"라는 질문에는 지시받은 일에 대한 진행 상황을 보고하는 식으로 답변해야 상사를 만족시킬 수 있다.

이때 적절한 몸짓을 사용하면 보고는 더 완벽해진다. 무표정한 상태에서 손짓 하나 없이 대화한다면 상사는 메시지의 중요도를 파악하지 못한다. 따라서 핵심적인 내용을 전달할 때에는 손짓을 이용하여 강조하는 것이 좋다.

상 사	눈치 없는 직원	일 잘하는 직원
"요즘 어때?"	"요즘 저는요.~"	업무 진행 보고
"요즘 어떻게 지내나?"	"별일 없습니다."	

꾸미지 말고 보고하라

보고할 때 명심해야 할 사항은 업무에 대한 당신의 의견이나 평가를 첨가하지 말고 사실을 있는 그대로 보고해야 한다는 것이다. 목표로 한 일이 원하는 만큼 진행되지 않았다고 해서 일의 진척 상황을 부풀려 이야기한다거나 어물쩍 넘어가려는 태도는 결국 자신에게 피해로 돌아온다. 말하기 꺼려지는 부분이 있더라도 그 내용을 상사에게 상세히 보고할 필요가 있다. 감추면 문제만 더욱 커진다.

회사는 '경위'가 아니라 '결과'에 의해 당신의 능력을 평가한다. 슬프지만 그게 현실이다. 최선을 다했지만 예상치 못한 일 때문에 예정대로 일을 진행시키기 어려웠다면 '결과'만 알고 있는 상사에게 자신이 어떠한 노력을 했는지 구체적으로 그 '경위'를 설명하는 것이 좋다. 그렇게 하면 상사도 당신을 이해하게 될 것이다.

이때 일이 잘 진행되지 않은 이유가 무엇인지 상사가 납득할 만한 근거를 제시해야 한다. 변명이 아닌 사실적 자료를 바탕으로 한 근거 제시는 회사 생활을 하는 데 필수다. 그러므로 일을 진행하는 동안 일어나는 모든 상황을 문서화해 놓아야 한다. 그래야 후에 예상치 못한 일이 발생할 경우 억울한 일을 당하지 않는다.

보고의 순서를 정하라

컨설턴트들은 보고서의 내용에 따라, 상사의 직급이나 개인적 성향에 따라 보고하는 방법을 조금씩 달리하라고 말한다. 여기에 추가해야 할 사항이 보고받을 상사가 업무를 얼마나 파악하고 있느냐이다. 상사가 내용을 얼마나 이해하고 있는지에 따라 보고의 순서가 달라진다. 상사가 보고 내용에 대해 전혀 모르고 있는 상황이라면 배경이나 취지를 먼저 설명하고, 상사가 보고 내용에 대해 어느 정도 인지하고 있는 상황이라면 결론부터 말하는 것이 좋다.

즉 전자의 경우 기획을 한 배경과 취지, 상황 등 전반적인 내용을 먼저 전달한다. '현재 시장은 어떻게 바뀌고 있다', '고객은 이런 점을 중시하고 있다', '경쟁사는 이러한 전략이나 행동을 보이고 있다' 등을 설명한 후 결론을 얘기해야 한다.

반대로 후자의 경우 결론부터 제시해야 자신의 의견을 호의적인 분위기에서 전달할 수 있다. 많은 직장인들이 무조건 상황부터 설명하는 방식에 익숙해져 있다. 그러면 보고가 장황해지기 마련이고 상사는 "그래서 결론이 뭐야"라고 묻기 마련이다.

잘못한 일은 변명하지 말고
과감히 인정하라

사람은 잘못된 상황에 처하면 가장 먼저 책임을 회피하고 그 일과 자신을 분리시키려는 습성이 있다. 안 좋은 상황이 일어나면 누구나 "나는 시키는 대로 했을 뿐이야", "과장님이 먼저 하자고 했지 않습니까" 등의 말로 책임을 회피하고 싶어한다. 이런 성향이 심한 경우 모든 말이 핑계일 정도로 핑계 대기를 생활화하는 사람들이 있다.

이러한 사람들은 항상 자신의 말과 행동에 대한 책임을 회피하려고만 하며, 자신의 잘못을 인정하기보다는 상대의 잘못에만 초점을 맞추어 슬그머니 발을 빼려고 한다. 그러나 이런 핑계는 결국 그 사람이 가진 능력을 인정받지 못하게 만든다. 일을 하다 보면 누구나 실수를 할 수 있다. 이때 자신의 잘못을 남의 탓으로 돌린다거나 상황이 안 좋았다는 핑계를 대지 말자. 회사는 산뜻하게 자신의 실수를 인정하고 다음부터 그런 실수를 반복하지 않으려 노력하는 사람을 원한다.

핑계는 내 안의 또 다른 적이다

당신의 방 벽지는 무슨 색인가?

자신의 방 벽지 색깔을 노랗게 물들인 한 청년이 있었다. 자세히 들여다보면 그 이유를 알 수 있었는데 원래 벽지 색깔이 노란 것이 아니라 빼곡히 포스트잇이 붙어 있기 때문에 노랗게 보인 것이다. 바로 가수 비의 이야기다.

비는 누군가에 지적받은 것이 있으면 그것을 포스트잇에 적어서 방에 붙여놓았다고 한다. 그 글을 하나씩 읽어보며 수정이 될 때까지 열 번이고 스무 번이고 개선하려고 노력하였다는 것이다.

"야 선배를 봤으면 인사를 해야 할 것 아냐?"

선배가 나무라면 '매니저랑 이야기하느라고 못 봤습니다' 라고 말하고 싶지만, 우선 사과하고 그때 있었던 일을 포스트잇에 적어 놓고 반성했다. '조금만 신경 썼으면 인사할 수 있었을 텐데' 하고 되뇌면 같은 실수를 두 번 반복하는 일은 없어진다고 한다. 그렇게 점점 개선하고 절제된 행동을 할 수 있었기에 오늘날 월드스타 비가 되지 않았나 싶다.

직장인들에게 말하고 싶다. 핑계를 친구로 삼아 이야기하는 사람들은 자기 합리화에 빠지게 되어 있다고. 어떤 일이 일어나면 그 상황을 극복할 방법을 찾지 않고 핑계 대기에 바쁜 사람들이 있다.

"과장님! 오늘 몸살 걸려서 하루 쉬어야 할 것 같습니다. 몸이 아파서 도저히 못 나갈 것 같습니다."

"시골에서 어머님께서 오셔서 마중 좀 갔다 와야 합니다. 그래서 늦게 출근해야 할 것 같습니다."

물론 몸이 너무 아파 쓰러질 정도인데 괜한 오기로 회사에 나갔다가 더 심해져서 과로로 쓰러질 수도 있다. 하지만 그럼에도 불구하고 회사에 출근한다면 나약한 마음은 멀리 달아나버릴 것이다.

'오늘은 어떤 핑계로 이 상황을 모면하지?' 라고 머리를 굴리며 행동하는 사람들에게 한마디 고하겠다. 몸이 아프다면 몸이 아픈 채로 회사에 가서 그것을 증명해보여라. 조퇴를 하는 한이 있더라도 출근을 해보라! 무슨 일이 있더라도 출근하는 것을 습관화하면, 자신이 한 행동에 스스로 자극을 받아 "내가 그런 일까지 해본 사람인데 이까짓 일로 핑계 대면 안 되지" 하는 신념이 따라서 생길 것이다.

그러한 신념이 생기게 하는 스피치가 있다. 바로 "제가 책임지겠습니다"라는 말이다. 책임지겠다는 말을 자주하는 사람들은 항상 자신의 말과 행동에 책임을 지려고 노력한다. 그러한 책임감 덕분에 말과 행동을 함부로 하지 않게 되는 것이다. 오늘부터 책임진다는 말을 해보아라. 정말 책임을 진다고 생각한다면 좀 더 신중하게 생각하고, 신중하게 말을 하며, 신중한 행동을 하는 사람으로 평가받을 것이다.

진심으로 사과하고 개선책을 제시한다

어이없는 실수를 저질러 회사에 손실을 입힌 상황을 맞닥뜨리면 어디서부터 손을 대야 할지 눈앞이 캄캄해지기 마련이다. 비즈니스 세계에서는 한 번의 실수로 그동안 자신이 쌓아온 노력이 모두 허사가 될 수도 있기 때문에, 그런 상황을 벗어나고 싶은 마음이 드는 것이 당연하다. 그러나 상황을 회피하거나 변명만 늘어놓는 것은 절대 피해야 한다. 진지한 자세로 당신의 잘못에 대해 사과해야 한다.

그렇다고 무작정 죄송하다고만 말해서도 안 된다. 무엇에 대해 사과를 하고 있는지 분명히 밝히는 게 좋다. "회사에 큰 손해를 입혀서 죄송합니다"라고 말하지 말고 "제 실수로 납품이 늦어져서 죄송합니다"라고 사과의 내용을 명확히 하는 것이다.

어떤 상사는 당신이 저지른 실수와 전혀 상관없는 일까지 들먹이며 큰 소리로 화를 내기도 할 것이다. 그렇다고 해서 감정적으로 행

동해서는 안 된다. 상사의 말을 끝까지 경청하고 자신의 실수로 어
떤 결과가 발생했는지 정확히 파악한 후 앞으로 어떻게 해야 피해
를 최소화할 수 있는지 개선 방안을 제시할 수 있어야 한다. 그러고
나서 자신이 할 수 있는 모든 대응책을 상사에게 내놓고, 만약 다른
사람의 협조가 필요하다면 정중하게 협조를 구해야 한다.

이때 모든 대책의 결정은 상사에게 맡겨야 한다. 자신이 생각한
대안이 상사의 생각과 일치하는지 확인하고, 대안을 실행할 때에도
상사가 생각하는 우선순위에 따라 진행할 필요가 있다.

팀워크를 다져라

'팀(Team)' 이란 성원(成員)이 공동의 목표를 달성하기 위하여 각 역할에 책임을 다하고 협력적으로 행동하는 집단을 이르는 말이다. 팀은 모든 영업 조직에서 최전방에 있는 가장 1차적인 집단이다. 가장 작은 집단이지만 가장 중요한 집단이기도 하다.

팀워크(Teamwork)는 팀이 협동하여 행하는 동작, 또는 구성원 상호 간의 연대를 의미한다. 팀워크가 잘되기 위해서는 전문 지식을 축적하는 것뿐 아니라 기여도에 따른 합리적인 보상이 뒤따라야 한다.

조직 생활에서는 개인의 능력보다 팀워크가 더 중요하다. 마음이 맞는 이들이 각자의 능력을 한데 모아 시너지 효과를 낼 때 조직이 발전하게 된다. 그리고 구성원 모두가 한 가지 목표를 향해 매진할 때 그 시너지가 내는 파워는 조직원 개개인이 가진 능력의 산술적인 합을 훌쩍 뛰어넘는다.

뭉치면 살고 흩어지면 죽는다

기업에서 신입 사원을 채용할 때 인사 담당자들이 가장 많이 물어보는 질문은 "상사와 트러블이 생긴다면 어떻게 하시겠습니까?"라는 것이다. 당신이 면접자라면 어떤 대답을 할 것인가? 여기에 대한 모범 답안을 제시해보겠다.

"조직 생활에서 가장 중요한 것은 팀워크라고 생각합니다. 직장 상사와 트러블이 생기는 데는 반드시 그 이유가 있다고 생각합니다. 그 이유의 원인을 먼저 파악하고 어떤 문제가 있는지 분석한 후 해결책을 찾아 상사와 대화로 풀어나가는 것이 중요하다고 생각합니다."

문제가 있으면 반드시 원인이 있기 마련이다. 그 원인을 분석하여 해결책을 찾겠다는, 아주 간단한 논리이다. 실제로 면접관들은 이런 식으로 말하는 면접자에게 후한 점수를 준다.

직장에서 진정으로 중요한 것은 무엇일까? 정말 많은 요소가 있겠지만 가장 중요한 것은 팀워크다. 직장 생활을 해본 사람이라면 알겠지만 조직에서 동료 간의 팀워크가 좋으면 과정과 결과가 모두 좋은 결실을 맺는다. 팀워크가 좋아지려면 구성원 모두 자신을 조금씩 버려야 한다. 자신의 이기적인 생각과 권위주의적 심리 등을 버리고 개인 감정 상태를 조절하면서 팀을 배려할 때 그 파급효과는 허리케인을 능가할 것이다. 직장 생활을 하면서 자신의 생각을 낮추고 스스로 감정 조절을 한다면 어느 누구와도 물처럼 어울려 유연한 직장 생활을 할 수 있다.

팀워크 증진을 위해 내가 할 수 있는 일을 적어보자.

업무면	동료면	상사면
예) 출근하자마자 일의 중요도에 따라 업무계획을 세운다	예) 칭찬을 동료 3명에게 한다.	예) 직장상사의 모닝커피를 내가 타본다.

사내에서 발생하는 충돌 피하기

부서 간 협상이나 회의에서 해당 사안에 대한 생각이 다를 경우 충돌이 일어난다. 이때 상대방의 말을 경청하지 않으면 오해가 생긴다. 따라서 서로의 생각은 얼마든지 다를 수 있다는 사실을 인정하고 해당 업무에 대한 절충안을 생각해볼 필요가 있다. 우선 자신부터 타협할 수 있는 부분을 이야기하고 상대의 의견을 묻는 것이 좋다. 이때 상대를 설득하기 위해 과거에 상대가 했던 실수를 들먹이며 강요하듯 말해서는 안 된다. 이런 강요는 오히려 상대의 감정을 상하게 해 일을 그르친다. 더불어 인신공격은 절대 하지 말아야 할 태도다.

직장 동료가 자신의 의견에 대해 강하게 반론을 제기했다면 먼저 감사의 인사를 전해보자. 건설적인 비판이라면 당신이나 회사 모두에 좋은 일이다. 따라서 반론이라고 무조건 배척하기보다는 감사하게 생각하고 상대의 의견을 곱씹어봐야 한다. 만약 상대의 의견이 일리 있는 것이라면 적극적으로 수용하고, 그렇지 않다면 그 말을 들은 당신의 생각을 객관적으로 전해야 한다. 자신의 말을 이해하지 못했다고 해서 상대를 탓하거나 무안을 주어서는 안 된다.

상사의 선을 넘지 마라

상사는 말 그대로 상사다. 아무리 상사와 친분이 두텁다고 하더라도 부하 직원은 마땅히 상사를 대접해줘야 한다. 농담이라도 상사의 권위에 도전하는 말은 삼가야 한다. "친한 사이에 뭘 그래요", "얼마 전까지 동기였잖아" 등의 농담을 하면 상사는 당연히 '나랑 지금 맞먹자는 거야?' 라는 생각을 하게 된다. 당신과 친분이 있거나 동기였다거나 인정하기 싫은 사람이라고 해도 상사의 권위를 무시하는 말이나 행동은 절대로 하지 말자. 상사를 상사로 대접하지 않으면 결국 미움을 받게 될 것이고, 그렇게 되면 자연히 회사 내에 나쁜 평가가 퍼진다. 상사의 눈에 한번 찍히면 회사에 소문이 퍼지는 건 시간문제라는 말이다.

결국 회사도 하나의 공동체이기 때문에 상사의 눈 밖에 나면 성공하기 힘들다. 일만 잘하는 사람은 승진하는 데 한계가 있다. 관계의 중요성을 인식하고 상대를 존중하는 태도를 가져야 진정한 성공의 참맛을 느낄 수 있을 것이다.

자기 마음대로 일을 추진하는 상사 대처하기

어떤 일을 추진할 때 상사와 다른 의견을 갖고 있더라도 이의를 제기하기는 상당히 어렵다. 이럴 때는 일단 상사가 지시한 사항을 수행하고 일의 진행 상황에 따라 자주 보고를 함으로써 은연중에 당신이 무엇을 걱정하는지 알려야 한다. 상사가 생각하는 대로 일을 계속 진행할 경우 발생할 수 있는 문제점을 지속적으로 알려 상사 스스로 지시 사항을 바꿀 수 있도록 도와주는 것이다. "부장님께서 말씀하신 대로 진행해오고 있습니다. 그런데 이 부분을 계속 진행하면 주요 고객층에게 클레임이 들어오지 않을까 염려스럽습니다"라고 말하는 것이다. 그렇게 하면 상사는 확신에 차서 진행했던 일이라도 당신의 의견대로 재고는 한번 해볼 것이다.

이렇게 말해야 상사의 기분을 상하지 않게 하면서 그의 생각을 다시 검토하게 만들 수 있다. 상사와 의견이 다르다고 해서 바로 반대하면 결국 서로의 감정만 상할 뿐 업무를 효율적이고 발전적인 방향으로 진행할 수 없다. 업무 효율성이나 관계 유지를 위해서라도 앞에서 말한 우회적인 방법을 쓰는 게 좋다. 아무리 독불장군처럼 자신의 생각을 강요하는 상사를 만나더라도 이 기술만 잘 활용하면 어느 정도 자신의 의견을 피력할 수 있다.

아부가 아닌 진심 어린 칭찬을 하라

직장 내에서 아부를 잘하는 사람이라는 평판을 얻은 사람은 곧 비열한 사람이라고 뒤에서 수군거림을 받는다. 부하 직원의 칭찬이 지나치면 상사 역시 그런 부하 직원을 부담스럽게 느낄 뿐만 아니라 그의 진심을 의심하기에 이른다. 똑똑한 상사일수록 일은 못하면서 아부만 잘하는 부하 직원보다 경쟁력 있는 직원을 선호한다.

그렇다고 상사에 대한 칭찬을 아예 하지 말라는 의미는 아니다. 기본적으로 칭찬을 싫어하는 사람은 아무도 없다. 그러나 칭찬도 과하면 독이 되기 때문에 여기에는 꼭 지켜야 할 원칙이 있다. 우선 상대방의 장점을 말하고, 그 장점 덕분에 어떤 점이 좋은지 밝히며, 장점에 대한 나의 느낌을 전달하자.

적당히 아부해야 성공할 수 있다. 그렇다면 다른 사람에게 아부한다는 인상을 주지 않으면서도 상사의 마음에 드는 말은 어떻게 해야 하는가? 그러려면 누가 봐도 칭찬받을 만한 상사의 행위에 대해 진심 어린 칭찬을 해야 한다. 즉 그 사람 자체를 칭찬하는 것이

아니라 상사가 이룬 성과에 초점을 맞추어 칭찬하되 구체적이고 사
실적으로 표현해야 한다. 그러면 상사는 존경받는다는 느낌이 들어
칭찬한 부하 직원을 좋게 평가할 것이다.

05

현명하게 거절한다

회사 생활을 하다 보면 상사에게 무리한 부탁을 받는 경우가 생긴다. 상사의 권위를 세워주고 관계를 해치지 않기 위해서는 당연히 그 부탁을 들어줘야 하지만 그렇다고 모든 부탁을 다 들어주면 자신만 너무 힘들어진다. 처음부터 안 되는 건 안 되는 것이다. 상사라고 해서 예외일 수는 없다. 자신이 그 일을 할 수 없는 이유를 분명히 밝혀 상대방이 오해하지 않도록 하는 것이 최선이다. 이 작은 용기와 함께 부탁한 사람의 입장을 이해하는 지혜가 있다면 더 바랄 것이 없다. 중요한 것은 자기가 할 수 있는 일의 한계를 확실히 밝혀서 거절하는 것이다. 그렇게 하면 감정적인 거절이 아니라 능력적인 면에서 거절하는 것이기 때문에 상대는 당신의 입장을 이해하게 된다.

상사가 충분히 그 이유를 이해하지 못하면 오해가 생긴다. 거절하는 이유를 미리 정리하고, 대안을 생각하라.

아니라고 생각하면 "아니요"라고 말하라

사회 생활 중에는 거절하거나 거절당하는 일이 늘 있다. 부탁을 받았을 때 능력이 안 되거나 하고 싶지 않은 일일 경우 우리는 거절한다. 그런데 상사의 부탁을 거절하는 것은 생각만큼 쉽지 않다. 상사 앞에서는 부탁을 받아들이는 것이 거절보다 쉽게 느껴진다. 자신이 상사의 부탁에 "아니요"라고 했을 경우 발생할 일이 두렵기 때문이다.

만약 상사의 부탁을 거절했을 때 발생할 손실이, 부탁을 들어주었을 때 발생할 손실보다 오히려 적다면 어렵더라도 분명하게 "아니요"라고 말하자. 물론 어떤 식으로 거절하더라도 상사는 불만을 가질 것이다. 그렇지만 항상 "예"라고 대답한다고 해서 상사가 그 사람에게 고마움을 느끼는 것도 아니다. 오히려 만만한 사람으로 여길 수도 있다. 따라서 부탁을 들어주기가 불가능하다고 생각될 때는 모호한 태도를 보이는 것보다 단호하게 거절하는 것이 좋다. 그러고 나서 상냥한 표정으로 자신에게 부탁해줘서 고맙지만 거절할 수밖에 없어서 미안하다는 마음을 전달하자.

그렇다고 지나치게 미안해할 필요는 없다. 거절한다고 해서 상대에게 빚지는 건 아니지 않은가?

거절할 때 가장 중요한 것이 거절할 수밖에 없는 정확한 이유를 말해주는 것이다. 상사의 부탁을 현명하게 거절하는 방법은 끝까지 상대의 요청을 들어주고 같이 고민하는 모습을 보여준 후 대안을 모색하는 것이다. 상사가 부탁한 일을 좀 더 적극적으로 처리해줄 실무 책임자를 소개하면서 거절의 사유를 자세하게 설명해주는 성의가 필요하다. 이때 사람을 거절한 게 아니라 그가 한 부탁을 거절하는 것임을 분명히 주지시킬 필요가 있다.

완곡한 표현으로 거절하라

일이 많은데 상사가 자꾸 말을 시키면 어떻게 해야 할까? 일이 많은 부하 직원에게 일과 상관없는 자신의 이야기를 끊임없이 늘어놓는 상사가 있다. 이럴 때 부하 직원은 이런 생각을 하게 된다. '한가하면 혼자 노세요. 바빠 죽겠는데 자꾸 말을 시키고 그래!' 속으로는 그렇게 생각하면서도 상사라 말은 못하고 벙어리 냉가슴이다. 그러나 이런 식으로 상사에게 끌려 다니면 결국 자기만 손해다.

그렇다면 수다스러운 상사를 자기 구역에서 어떻게 물리칠 수 있을까? 가장 좋은 방법은 듣기 좋은 말로 물리치는 것이다. 상사의 자존심이 다치지 않게 웃으면서 당신의 뜻을 상사에게 알려라. "지금은 이 보고서를 6시까지 넘겨야 해서요. 내일 얘기하면 안 될까요?"라고 부드럽게 말해보자. 이 말에는 지금 나를 방해하지 말아달라는 의미가 담겨 있다. 온화한 표정으로 이렇게 말하면 상사도 미안함을 느낄 것이다. 내일 얘기하자는 표현을 통해서 상대를 완전히 거절한 것은 아니라는 분위기를 풍겼기 때문에 상사의 기분을 해치지는 않았다. 상대의 부탁을 거절했다고 해서 관계가 단절되는 것은 아니다. 열심히 일하다 보면 다음번에는 더 좋은 관계를 형성할 수 있을 것이다. 다만 지금은 거절의 기술을 익혀 현명하게 거절하기만 하면 된다.

거절을 할 때는 상대방의 자존심을 꺾어서는 절대 안 된다. 자신과 필연적으로 일을 함께하는 상사라면 더더욱 그렇다. 따라서 어느 정도 여지를 남겨두는 것이 현명하다. '이번'에는 안 되지만 '다음'에는 가능하도록 해보겠다고 암시를 주는 것이다. 그래야 상사의 체면을 지켜주면서 부드럽게 거절할 수 있다.

월급쟁이가 아닌
CEO의 마인드를 가져라

기업은 정말 게으르더라도 천부적인 능력이 있는 인재를 원할까?

우리나라를 대표하는 기업인 삼성전자는 회사가 원하는 인재상을 '도전 정신'과 '창의성'을 가진 사람으로 정의했다. 삼성은 21세기를 '디지털이 만들어가는 혁명의 시대'로 보고 있다. 지금까지 인류가 경험하지 못한 엄청난 변화가 디지털 기술로 이뤄지고 있다는 것이다.

요즘 기업은 혁명의 시대를 헤쳐 나가고 전장에서 승리하기 위해서 아날로그 시대와는 다르게 빠른 두뇌 회전과 진취성, 창의성이라는 3박자를 고루 갖춘 인재를 원하고 있다. 글로벌 경쟁력도 필수다. '국제 대화'가 가능한 언어 능력과 정보화 수준을 갖추고 주변 인프라를 네트워킹하고 활용할 줄 알아야 한다.

즉, 명확한 목표와 목적 의식을 갖고 부단히 노력하는 사람을 원한다. 게으른 천재는 결코 그 모든 것을 갖출 수 없다.

회사가 변하길 기대하기 전에 자신이 먼저 변하라

'절이 싫으면 중이 떠나야 한다'는 말이 있다. 회사의 체계나 업무 현실이 마음에 들지 않더라도 개인이 회사를 변화시키기는 어렵다는 의미다. 회사나 상사 혹은 동료나 후배에 대한 불평을 늘어놓기 전에 자신부터 변화하라.

상사의 비합리적인 지시 때문에 일을 두 배로 한다거나 잦은 야근이 불만인가? 건설적이지 못한 회의 시간이 너무 길어 업무에 방해가 된다고 생각하는가? 상사가 늘 반말을 섞어가며 모욕적인 언행을 일삼는가?

회사 내에서는 많은 불평거리가 존재한다. 하나가 싫으면 다른 것도 모두 부정적으로 보이기까지 한다.

그런 일들이 스트레스로 작용하지만 대놓고 상사에게 합리적인 지시를 해달라고 요청하고, 말조심을 해달라고 말한다거나, 잦은 야근에 대해 시정을 요구하고, 회의 시간을 줄여달라고 말하는 것은 대단히 위험한 일이다. 상사는 그런 직원을 노력도 안 하면서 불평만 늘어놓는 사람으로 치부한다.

그렇다고 무작정 회사와 상사의 부당함을 참으면 화병만 생긴다. 어떻게 해야 스트레스를 최소화하고 직장 생활에 유연하게 대처할 수 있을까? 가장 좋은 방법은 상사나 회사 스스로 잘못을 깨닫게 하는 것이다. 얼핏 어렵게 들리겠지만 사실 요령만 알면 그리 어려운 일은 아니다.

우선 상대에게 부탁하는 것처럼 말을 해보자. 예를 들어 상사가 터무니없는 비난을 서슴지 않는다면 "저는 그런 비난을 받을 일을 하지 않았는데요"라며 반박하는 대신 "저의 어떤 면이 그런지 자세히 설명해주시면 고치도록 노력하겠습니다"라고 말하자. 정말 터무니없는 비난이라면 순간 상사는 할 말이 없어 당황하게 될 것이다.

여기에 상대방의 말이나 행동에 따른 자신의 기분을 간결하게 드러내야 한다. 상사는 부하 직원의 기분이 어떨지 모르고 무심코 화를 내는 경우가 많다. 따라서 어느 정도 자신의 기분을 내비칠 필요가 있다. "저 때문에 화가 많이 나신 것 같은데 깊이 반성하고 있습니다. 앞으로 화내실 일이 일어나지 않도록 노력하겠습니다"라고 표현해보자. 이 말에는 지나치게 화를 내지 말라는 우회적인 표현이 들어있으므로 상사는 자신이 화를 내고 있다는 사실을 인식하게 된다.

탐나는 직원이 되어라

일반적으로 월급쟁이와 CEO는 업무에 임하는 마음가짐이 다르다. 그도 그럴 것이 월급쟁이는 일을 잘하든 못하든 일정한 월급을 받지만 CEO는 업무 성과에 따라 회사의 수익이 달라지기 때문에 보다 적극적인 자세를 취할 수밖에 없다. 즉 CEO는 고전 속에서 왕자님이 찾아와주길 마냥 기다리는 신데렐라가 아니라 자신의 유리구두를 찾아 거침없이 도전함으로써 스스로 신데렐라가 된 사람들이라고 할 수 있다.

지금부터 회사나 사장을 위해서 일하는 것이 아니라 나 자신을 위해 일한다고 생각을 바꾸어보자. 자신이 회사의 주인이라는 생각으로 업무에 임한다면 회사는 우리 집이 되고, 동료들은 가족이 된다. 주인의 눈으로 보면 해야 할 일이 수없이 많이 보이지만, 머슴의 눈으로 보면 일을 피할 핑곗거리만 찾게 된다. 남들이 맡기 꺼리는 일도 주인처럼 기꺼이 찾아서 하고 자기 일을 하듯 최선을 다한다면 누군가는 나를 알아봐줄 것이고, 결국 회사가 탐내는 사람이 될 것이다.

물론 회사의 수익이 나에게 바로 주어지지 않는 한 그런 생각을 하면서 일한다는 건 쉬운 게 아니다. 그렇다고 평생 상사의 지시에만 반응하는 꼭두각시로 남고 싶은 사람은 아무도 없을 것이다. 어차피 회사를 떠날 수 없다면 주도적으로 일을 해나가겠다고 다짐하는 것이 결국은 나에게도 좋은 결과를 가져다준다. 당장 보너스가 주어지지 않더라도 자신의 자리에서 맡은 바 제몫을 다하다 보면 회사는 빠른 승진과 높은 연봉으로 당신의 노고에 보답할 것이다.

CEO의 입장에서 업무를 바라보면 일을 할 때 느끼는 감정도 달라진다. 회사에서 추진하는 모든 일에 보람을 느끼게 되고 일의 결과에 대한 기대와 성취감 또한 커질 것이다. 일을 하면서 짜증도 덜 나고 많은 업무량으로 발생하는 피곤도 덜하게 된다. 상사의 잔소리는 오히려 따뜻한 조언으로 들린다. 일을 할 때 놀이를 하는 것처럼 재미를 느끼고 흥도 절로 난다. 재미를 느끼면서 일하는 사람은 아무도 당해낼 수가 없다. 자신이 얼마나 재미를 느끼느냐에 따라 일의 결과도 달라지기 때문에 그가 이룰 수 있는 성공의 영역은 무한하다.

직장에서 성공하고 싶다면 자신이 이룰 수 있는 가장 좋은 결과를 먼저 그려보자. 그리고 그 결과에 맞추어 생각하고 행동하고 말하자. 그러면 자신이 진정으로 원하는 것이 조금씩 이루어진다는 것을 느끼게 될 것이다. 자, 이제부터 당신에게 주어질 결과를 그리면서 업무에 뛰어들자.

나의 비전카드를 만들어보자

5년 후 나의 비전 :

10년 후 나의 비전 :

행동수칙 예)
❶ 아침에 눈뜨자마자 '난 할수있다' 자기암시
❷ 자기계발 2시간 집중으로 아침형 인간되기
❹ 관련서적 한 달에 5권 읽기

경남 산청군 향우회에는 이 회장님이란 분이 계시다. 회장님은 산골 란이란 계란 브랜드를 개발하여 많은 돈을 모으셨다. 많은 돈을 모으신 분들에게 으레 그렇듯이 기부를 하라며 많은 사람들이 찾아왔다. 그렇 지만 회장님은 절대 쓸데없는 기부를 하지 않았다.

이 회장님은 자신의 모교를 찾아갔다. 첩첩산골에 있는 학교는 전교 생 수가 30명이 채 되지 않는다. 회장님은 부모님의 동의를 얻고 아이 들을 관광버스에 태워서 부산 서면에 있는 롯데 호텔로 데리고 간다. 그곳에서 제일 좋은 스위트룸에 아이들을 재우고 호텔 뷔페에서 맛있 는 음식도 먹게 한다.

벽지도 없이 신문지로 벽을 바르고 물이 새는 지붕 아래에서 거친 밥 만 먹던 아이들은 이런 생활을 하면 눈이 돌아간다. 거기에서 그치지 않고 회장님은 아이들을 서울로 데리고 가서 서울대학교 정문 앞에 내 려준다.

"여기가, 우리나라에서 가장 좋다는 서울대학교다 마음껏 구경해라."

그러면 아이들은 그 넓은 캠퍼스를 뛰어다니며 구경한다. 서울 구경 은 거기에서 그치는 것이 아니다. 회장님은 국회의사당, 청와대를 보여 주고 그곳이 무엇을 하는 곳인지 설명해준다. 그리고 다시 산청으로 돌 아가는 길에 회장님은 말한다.

"너희들이 지금은 첩첩산중에 아무도 모르는 분교에 있지만, 꿈을 가 지고 최선을 다하면 어제 잤던 그곳에서 하룻밤이 아니라 매일 잘 수 있고, 서울대학교에서 공부하고, 국회의원도 되고, 대통령도 될 수 있 다. 얘들아 꿈을 가져라."

처음에 아이들은 이해하지 못할 것이다. 그러나 시간이 흐른 후 그 말 은 아이들의 기억에 꼭 남을 것이다.

회장님은 또 이렇게 말한다.

"내가 기부를 하면 어디에 쓰이는지 잘 모른다. 하지만 난 생각한다. 아이들에게 꿈을 심어주는 것이 최고의 기부라고."

너무 감동적이어서 필자도 강연 마무리에 자주 인용한다.

"여러분은 다른 이에게 비전을 주며 살고 있습니까? 사람들에게 비전을 주는 여러분이 되었으면 합니다."

지금부터 주변에 있는 사람에게 말해보라.

"꿈을 가져. 넌 할 수 있어."